Hannes Ludyga
Franz Mestitz (1904–1994)

Juristische Zeitgeschichte
Abteilung 4, Band 19

Juristische Zeitgeschichte
Hrsg. von Prof. Dr. Dr. Dr. h.c. Thomas Vormbaum
(FernUniversität in Hagen, Institut für Juristische Zeitgeschichte)

Abteilung 4:
Leben und Werk
Hrsg. von Prof. Dr. Dr. Dr. h.c. Thomas Vormbaum

Band 19

Redaktion: Natalie Brandes

De Gruyter

Hannes Ludyga

Franz Mestitz (1904–1994)

De Gruyter

Univ.-Prof. Dr. Hannes Ludyga: Inhaber des Lehrstuhls für Bürgerliches Recht, Immaterialgüterrecht, Deutsche und Europäische Rechtsgeschichte an der Rechtswissenschaftlichen Fakultät der Universität des Saarlandes.

ISBN 978-3-11-138842-7
e-ISBN (PDF) 978-3-11-138865-6
e-ISBN (EPUB) 978-3-11-138873-1

Library of Congress Control Number: 2024930093

Bibliografische Information der Deutschen Nationalbibliothek

Die Deutsche Nationalbibliothek verzeichnet diese Publikation in der Deutschen Nationalbibliografie; detaillierte bibliografische Daten sind im Internet über http://dnb.dnb.de abrufbar.

Druck und Bindung: CPI books GmbH, Leck

www.degruyter.com

Dank

Mein großer Dank gilt dem Enkel von Franz Mestitz Herrn Jan Taussig. Herr Taussig stellte mir spontan zahlreiche und wertvolle Dokumente aus seinem Privatbesitz über seinen Großvater zur Verfügung. Dies trug dazu bei, das Wissen über das Leben und Werk von Franz Mestitz erheblich zu erweitern. Herzlich danken darf ich Herrn Taussig für die äußerst schnelle, kritische und sehr konstruktive Durchsicht meines Manuskripts und die Hinweise auf Fehler sowie Ungenauigkeiten. Die Unterstützung durch Herrn Taussig weiß ich sehr zu schätzen.

Saarbrücken / München September 2023 *Hannes Ludyga*

Inhaltsverzeichnis

ANHANG

A) Einleitung

Franz Mestitz (1904–1994) gehört zu den außerhalb von Fachkreisen in Wissenschaft und Praxis „vergessenen" Arbeits- und Sozialrechtlern des 20. Jahrhunderts[1]. Er war ein Schüler von Hugo Sinzheimer (1875–1945)[2] und einer der „profiliertesten Arbeits- und Sozialrechtler der sozialistischen Länder"[3]. Sein besonderes Interesse galt der „Geschichte der sozialistischen Idee und der Arbeiterbewegung"[4]. Nach Michael Stolleis (1941–2021)[5] bildete Mestitz, der nach dem Zweiten Weltkrieg in Bratislava Professor für Arbeitsrecht war[6], die „Verkörperung eines humanen demokratischen Sozialismus"[7]. Für Bernhard Diestelkamp[8] stellte Mestitz die „Einheit von großartiger Lebensbewältigung und hervorragender wissenschaftlicher Leistung" dar[9]. Manfred Weiss bemerkte über Mestitz:

1 *Theo Rasehorn*, Der Untergang der deutschen linksbürgerlichen Kultur. Beschrieben nach den Lebensläufen jüdischer Juristen, Baden-Baden 1988, S. 45.

2 *Sandro Blanke*, Soziales Recht oder kollektive Privatautonomie? Hugo Sinzheimer im Kontext nach 1900 (Beiträge zur Rechtsgeschichte des 20. Jahrhunderts, Bd. 46), Tübingen 2005; ders., Hugo Sinzheimer, in: Neue Deutsche Biographie, Bd. 24, hrsg. von der Historischen Kommission bei der Bayerischen Akademie der Wissenschaften, Berlin 2010, S. 474–475; *Keiji Kubo*, Hugo Sinzheimer – Vater des deutschen Arbeitsrechts. Eine Biographie (Schriftenreihe der Otto-Brenner-Stiftung, Bd. 60), Köln 1995; Susanne Knorre, Soziale Selbstbestimmung und individuelle Verantwortung. Hugo Sinzheimer (1875–1945). Eine politische Biographie (Beiträge zur Politikwissenschaft, Bd. 45), Frankfurt am Main / Bern / Bruxelles / New York / Paris 1991.

3 *Michael Stolleis*, Franz Mestitz, in: Akademie der Arbeit in der Universität Frankfurt am Main, Mitteilungen Neue Folge 43 (1997), S. 1–2, hier S. 1.

4 Archiv der sozialen Demokratie (AdsD), Nachlass (NL) Bestand Franz Mestitz, Mappe 9, Anmerkungen zu meinem Leben, Zweite, ergänzte Fassung, Frankfurt Juli 1988, S. 51.

5 *Pascale Cancik*, Michael Stolleis (1941–2021), in: Juristenzeitung 76 (2021), S. 459–460.

6 AdsD, NL Mestitz, Mappe 9, Anmerkungen zu meinem Leben, Zweite, ergänzte Fassung, 1988, S. 72–73, 140, 154 Anm. 13; *Rasehorn*, Der Untergang der deutschen linksbürgerlichen Kultur, S. 85; *Bärbel von Borries-Pusback*, Keine Hochschule für den Sozialismus. Die Gründung der Akademie für Gemeinwirtschaft in Hamburg 1945–1955, Wiesbaden 2002, S. 43 Fn. 103.

7 *Stolleis*, Franz Mestitz, S. 2.

8 *Anja Amend-Traut* (Hrsg.), Ein Leben für die Rechtsgeschichte – Bernhard Diestelkamp zum 90. Geburtstag (Gesellschaft für Kammergerichtsforschung, Heft 50), Wetzlar 2020.

9 AdsD, NL Mestitz, Mappe 1/2, Brief Diestelkamp an Mestitz, 18. Juli 1989.

https://doi.org/10.1515/9783111388656-001

> „Er war Beispiel dafür, was es bedeutet, trotz widriger Umstände ein Leben lang den aufrechten Gang zu wahren."[10]

Mestitz betrachtete sich selbst sein ganzes Leben lang als einen „Außenseiter", da er „Jude, Sozialist und Wissenschaftler" war[11]. Er erlebte zahlreiche „politische Umbrüche" und „gravierende Repressionen"[12]. Einschnitte stellten für ihn der Umzug aus seiner böhmischen Heimat nach Wien mit acht Jahren, die Übersiedlung von Wien nach Frankfurt am Main in der Weimarer Zeit, die Flucht aus Frankfurt am Main in die Tschechoslowakei 1933, seine Entlassung als Hochschullehrer 1952 in Bratislava im Zuge der „*Slánský*-Prozesse", seine Rehabilitierung und Rückkehr auf seinen Lehrstuhl an der Universität 1964 in Bratislava, seine erneute Entlassung als Hochschullehrer im Zuge des „Prager Frühlings" und seine Ausreise aus der Tschechoslowakei nach Frankfurt am Main 1972 dar. Die gravierendsten Zäsuren bedeuteten für Mestitz die Emigration von Frankfurt am Main in die Tschechoslowakei 1933 und das Leben im Versteck vor den Nationalsozialisten in Bratislava ab August 1944[13]. Die „Brüche" in seinem Leben „zwangen" ihn – so Mestitz – „immer wieder zu einem neuen Anfang"[14].

Die folgende Abhandlung ersetzt keine umfassende Biographie über Mestitz, da im Mittelpunkt der Untersuchung keine erschöpfende Auswertung seines wissenschaftlichen Werkes steht. Vielmehr orientiert sich die Arbeit in weiten Teilen an den Lebenserinnerungen von Mestitz selbst, die sich in Schriftform im Archiv der Friedrich-Ebert-Stiftung und in Privatbesitz befinden[15]. Lebenserinnerungen bieten eine bedeutende Quelle für die historische und rechtshistorische Forschung, da sie eine „Primärerfahrung" des Betroffenen aufzeigen. Zu berücksichtigen und stets kritisch zu hinterfragen bleibt, inwieweit der Autor der Lebenserinnerungen, die regelmäßig eine subjektive Sichtweise wiedergeben,

---

10 Goethe-Universität Frankfurt am Main, Universitätsarchiv, Bestand Abt. 114 Nr. 108, Blatt 1, *Manfred Weiss*, Franz Mestitz gestorben. Engagement und Lebensmut, in: Uni Report 23. November 1994.

11 AdsD, NL Mestitz, Mappe 9, Anmerkungen zu meinem Leben, Zweite, ergänzte Fassung, 1988, S. 1.

12 *Stolleis*, Franz Mestitz, S. 1.

13 *Rasehorn*, Der Untergang der deutschen linksbürgerlichen Kultur, S. 78–80.

14 AdsD, NL Mestitz, Mappe 9, Anmerkungen zu meinem Leben, Zweite, ergänzte Fassung, 1988, S. 1.

15 Privatbesitz Jan Taussig; AdsD, NL Mestitz, Mappe 9, Anmerkungen zu meinem Leben, Erste Fassung, 1986; AdsD, NL Mestitz, Mappe 9, Anmerkungen zu meinem Leben, Zweite, ergänzte Fassung, 1988. Mestitz schrieb seine Lebenserinnerungen in zwei Fassungen in den Jahren 1986 und 1988 nieder. Diese in den 1980er-Jahren verfassten Lebenserinnerungen stützen sich in Teilen auf Tagebuchaufzeichnungen von Mestitz.

seinen Lebensweg „nur" konstruiert und verklärt[16]. Eine Ergänzung erfahren die Lebenserinnerungen von Mestitz durch das Buch von Theo Rasehorn (1918–2016)[17] „Der Untergang der deutschen linksbürgerlichen Kultur. Beschrieben nach den Lebensläufen jüdischer Juristen", das 1988 erschien und das Leben sowie Wirken von Mestitz darstellt[18]. Mestitz händigte Rasehorn seine Lebenserinnerungen ursprünglich aus. Allerdings untersagte er ihm zu einem späteren Zeitpunkt die Verwendung dieser Erinnerungen für eine Publikation[19], was Rasehorn nicht davon abhielt, die Lebenserinnerungen seinem genannten Werk über den „Untergang der deutschen linksbürgerlichen Kultur" zugrunde zu legen[20]. Mestitz bezeichnete das Werk von Rasehorn als „verfehlt und nicht gut". Sein Hauptkritikpunkt bestand darin, dass er sich, anders als es der Titel des Werkes suggerierte, keiner „linksbürgerlichen Kultur", sondern der sozialistischen Arbeiterbewegung zugehörig fühlte[21].

Die folgende Untersuchung leistet partiell einen Beitrag zur Rechts-, Kultur- und Sozialgeschichte. Die Analyse berührt die Geschichte des Arbeitsrechts, der Arbeiterbewegung und der Gewerkschaften. Behandelt werden die Universitätsgeschichte sowie die Geschichte des Antisemitismus und der Emigration[22].

---

16 *Hans Günter Hockerts*, Zugänge zur Zeitgeschichte. Primärerfahrung, Erinnerungskultur und Geschichtswissenschaft, in: Aus Politik und Zeitgeschichte 51 (2001), S. 13–53; *Hannes Ludyga*, Philipp Auerbach (1906–1952). „Staatskommissar für rassisch, religiös und politisch Verfolgte" (Juristische Zeitgeschichte, Abteilung 8, Jüdisches Recht, Judenrecht, Recht und Antisemitismus, Bd. 1), Berlin 2005, S. 13.

17 *Heribert Prantl*, Nachruf. Runter vom Paragrafenturm, in: Süddeutsche Zeitung vom 12. Februar 2016, https://www.sueddeutsche.de/politik/nachruf-runter-vom-paragrafenturm-1.2860977.

18 *Rasehorn*, Der Untergang der deutschen linksbürgerlichen Kultur.

19 AdsD NL Mestitz, Mappe 3, Brief Mestitz an Rasehorn, 20. Juli 1986; AdsD NL Mestitz, Mappe 3, Brief Mestitz an Rasehorn, 25. Mai 1987.

20 *Rasehorn*, Der Untergang der deutschen linksbürgerlichen Kultur, S. 45–93.

21 AdsD NL Mestitz, Mappe 3, Brief Mestitz an Vano, 5. Oktober 1988.

22 Siehe allgemein: *Hannes Ludyga*, Otto Kahn-Freund (1900–1979). Ein Arbeitsrechtler in der Weimarer Zeit (Juristische Zeitgeschichte, Abteilung 4: Leben und Werk, Bd. 16), Berlin 2016, S. 1–2; *Helga Grebing*, Jüdische Intellektuelle in der deutschen Arbeiterbewegung zwischen den beiden Weltkriegen, in: Archiv für Sozialgeschichte 37 (1997), S. 19–38.

B) Geboren in Böhmen

Franz Mestitz wurde am 28. Juni 1904 in Roudnice/Raudnitz an der Elbe als österreichischer Staatsbürger geboren[1]. Das 50 Kilometer nordwestlich von Prag gelegene Roudnice/Raudnitz zählte um 1900 etwa 10.000 Einwohner und befand sich im tschechischen Teil von Böhmen, nicht weit von der „deutschen Sprachgrenze" entfernt. In der Stadt lebte in erster Linie eine tschechische Bevölkerung. Ein „deutsches Element" bildeten – so Mestitz – die liberalen, nicht orthodoxen Juden[2]. Mestitz' Großvater Hermann Weinberg (1832–1917)[3] mütterlicherseits redete als „Muttersprache" deutsch und lernte nie richtig die tschechische Sprache[4].

Mestitz, der zwei Brüder hatte, stammte aus einer „mittelständischen jüdischen Familie"[5]. Juden besaßen nach dem österreichischen „Staatsgrundgesetz" vom 21. Dezember 1867 „über die allgemeinen Rechte der Staatsbürger für die im Reichsrathe vertretenen Königreiche und Länder" ein „allgemeines österreichisches Staatsbürgerrecht". Nach dem österreichischen „Staatsgrundgesetz" waren alle Staatsbürger gleichberechtigt und öffentliche Ämter waren für alle Staatsbürger gleich zugänglich[6]. Aus den „bloß tolerierten" Juden wurden auf-

---

1 Privatbesitz Jan Taussig, Lebenslauf Franz Mestitz 4. September 1972; Goethe-Universität Frankfurt am Main, Universitätsarchiv, Bestand Abt. 114 Nr. 108, Blatt 2, Todesanzeige Franz Mestitz; Goethe-Universität Frankfurt am Main, Universitätsarchiv, Bestand Abt. 114 Nr. 108, Blatt 52, Curriculum vitae; AdsD, NL Mestitz, Mappe 9, Anmerkungen zu meinem Leben, Zweite, ergänzte Fassung, 1988, S. 3; *Rasehorn*, Der Untergang der deutschen linksbürgerlichen Kultur, S. 17, 47. Zu Roudnice / Raudnitz: *Christian Lübke*, Raudnitz, in: Joachim Bahlke / Winfried Eberhard / Miloslav Polivka (Hrsg.), Böhmen und Mähren (Handbuch der Historischen Stätten), Stuttgart 1998, S. 511–513. Die erstmalige Nennung von Roudnice / Raudnitz als Siedlung erfolgte im Jahre 1167. Roudnice / Raudnitz erhielt 1237 städtische Privilegien.

2 AdsD, NL Mestitz, Mappe 9, Anmerkungen zu meinem Leben, Zweite, ergänzte Fassung, 1988, S. 3; *Rasehorn*, Der Untergang der deutschen linksbürgerlichen Kultur, S. 17, 45; *Lübke*, Raudnitz, S. 512.

3 Privatbesitz Jan Taussig, Stammbaum.

4 AdsD, NL Mestitz, Mappe 9, Anmerkungen zu meinem Leben, Zweite, ergänzte Fassung, 1988, S. 6.

5 AdsD, NL Mestitz, Mappe 9, Anmerkungen zu meinem Leben, Zweite, ergänzte Fassung, 1988, S. 4, 45.

6 Nr. 142, Staatsgrundgesetz vom 21. Dezember 1867 „über die allgemeinen Rechte der Staatsbürger für die im Reichsrathe vertretenen Königreiche und Länder", Reichs-Gesetz-Blatt für das Kaiserthum Oesterreich, 1867, S. 394; *Hannelore Burger*, Heimatrecht und Staatsbürgerschaft. Vom Ende des 18. Jahrhunderts bis in die Gegenwart, Wien / Köln / Graz 2014, S. 82–83.

https://doi.org/10.1515/9783111388656-002

grund des „Staatsgrundgesetzes“ vom 21. Dezember 1867 Staatsbürger mit „gleichen Rechten und Pflichten“[7].

Heinrich Mestitz (1864–1932)[8], der Vater von Franz Mestitz, war Fabrikant und gemeinsam mit einem seiner Brüder Inhaber einer Metallwarenfabrik[9]. Die metallverarbeitende Industrie Böhmens besaß ein Zentrum in Roudnice/Raudnitz[10]. Mestitz’ Großvater mütterlicherseits gehörte zu den ersten Juden, die in Prag ein Medizinstudium absolvierten. Er besaß in Roudnice/Raudnitz eine „Landarztpraxis“[11]. Franz Mestitz blieben seine Mutter Berta (1873–1944) und seine Großmutter mütterlicherseits „mit ihrer großen Güte“ in Erinnerung[12]. Die Familie Mestitz gehörte zu einer religiösen Minderheit in Roudnice/Raudnitz, wo etwa drei Prozent der Einwohner Juden waren[13]. Um 1900 wohnten etwa 450 Juden in der Stadt[14]. In ganz Böhmen lebten um 1900 ungefähr 95.000 Juden[15]. Juden siedelten in Roudnice/Raudnitz spätestens seit dem 16. Jahrhundert. Ab 1613 existierte in der Stadt ein alter jüdischer Friedhof, der um 1890 durch einen neuen Friedhof ersetzt wurde. Eine Synagoge gab es in der Stadt seit der ersten Hälfte

---

7 *Burger*, Heimatrecht und Staatsbürgerschaft, S. 83.

8 Privatbesitz Jan Taussig, Stammbaum.

9 AdsD, NL Mestitz, Mappe 9, Anmerkungen zu meinem Leben, Zweite, ergänzte Fassung, 1988, S. 3; *Rasehorn*, Der Untergang der deutschen linksbürgerlichen Kultur, S. 46; Privatbesitz Jan Taussig, Lebenslauf Franz Mestitz 4. September 1972.

10 *Lübke*, Raudnitz, S. 512; AdsD, NL Mestitz, Mappe 9, Anmerkungen zu meinem Leben, Zweite, ergänzte Fassung, 1988, S. 3.

11 AdsD, NL Mestitz, Mappe 9, Anmerkungen zu meinem Leben, Zweite, ergänzte Fassung, 1988, S. 3; *Rasehorn*, Der Untergang der deutschen linksbürgerlichen Kultur, S. 46.

12 AdsD, NL Mestitz, Mappe 9, Anmerkungen zu meinem Leben, Zweite, ergänzte Fassung, 1988, S. 4; Privatbesitz Jan Taussig, Lebenslauf Franz Mestitz 4. September 1972, Stammbaum.

13 AdsD, NL Mestitz, Mappe 9, Anmerkungen zu meinem Leben, Zweite, ergänzte Fassung, 1988, S. 3; *Rasehorn*, Der Untergang der deutschen linksbürgerlichen Kultur, S. 46.

14 https://www.xn-jdische-gemeinden-22b.de/index.php/gemeinden/p-r/1621-raudnitz-elbe-boehmen. Dieser Online-Eintrag stammt von *Klaus-Dieter Alicke*. Zugrunde liegt dem Eintrag folgendes Werk: *Klaus-Dieter Alicke*, Lexikon der jüdischen Gemeinden im deutschen Sprachraum, 3. Bd., Gütersloh 2008.

15 *Simon Dubnow*, Weltgeschichte des jüdischen Volkes. Von seinen Anfängen bis zur Gegenwart. Die neueste Geschichte, Bd. X, Das Zeitalter der zweiten Reaktion (1880–1914), Berlin 1929, S. 96.

des 17. Jahrhunderts[16]. Mestitz' Vater war in Roudnice/Raudnitz eine Zeit lang Vorsteher der jüdischen Gemeinde[17].

Antisemitische Übergriffe und Krawalle waren Mestitz von seiner Kindheit an präsent[18]. Deutsche und Tschechen traten Juden mit antisemitischer Gewalt gegenüber. Um die Jahrhundertwende und in den ersten Jahren des 20. Jahrhunderts kam es in Böhmen zu Angriffen auf Synagogen und jüdische Schulen[19]. Die böhmische Stadt Polna erschütterte seit 1899 eine „Ritualmordaffäre". Angeblich hatte der jüdische Handwerker Leopold Hilsner die katholische Näherin Agnes Hruza „zwecks Gebrauches ihres Blutes" ermordet. Obwohl die Vorwürfe gegenüber Hilsner völlig unhaltbar waren und dem Prozess ausschließlich Judenhass und antisemitische Propaganda zugrunde lagen, wurde Hilsner im September 1899 durch ein Kuttenberger Gericht zu Tode verurteilt[20]. Der Kassationshof in Prag hob das Urteil des Kuttenberger Gerichts auf und ordnete die Verhandlung vor einem anderen Gericht, dem Gericht von Pisek, an. Dieses Gericht verurteilte Hilsner erneut zum Tode. Antisemitische Ausschreitungen begleiteten den Prozess[21]. Zu antisemitischer Gewalt kam es im Zuge der Prozesse auch in Roudnice/Raudnitz. Die Geschäfte von Juden in der Stadt wurden beschädigt und Fenster eingeschlagen. Mestitz erinnerte sich an die „Bestür-

16 *Petr Ehl / Arno Parik / Jiri Fiedler*, Alte Judenfriedhöfe Böhmens und Mährens, Prag 1991, S. 166; *E. F. Löwy*, Dejiny Zidu v Roudnici nad Labem, in: Hugo Gold (Hrsg.), Die Juden und die Judengemeinden Böhmens in Vergangenheit und Gegenwart, Bd. 1, Brünn / Prag 1934, S. 522–528; https://www.xn-jdische-gemeinden-22b.de/index.php/ gemeinden/p-r/1621-raudnitz-elbe-boehmen.

17 AdsD, NL Mestitz, Mappe 9, Anmerkungen zu meinem Leben, Zweite, ergänzte Fassung, 1988, S. 5.

18 AdsD, NL Mestitz, Mappe 9, Anmerkungen zu meinem Leben, Zweite, ergänzte Fassung, 1988, S. 7; AdsD, NL Mestitz, Mappe 1/2, Brief Mestitz an Miller, 30. Oktober 1988.

19 *Dubnow*, Weltgeschichte des jüdischen Volkes, Bd. X, S. 96–97; *Wilma Iggers* (Hrsg.), Die Juden in Böhmen und Mähren. Ein historisches Lesebuch, München 1986, S. 292–298; *Rudolf Wlaschek*, Juden in Böhmen. Beiträge zur Geschichte des europäischen Judentums im 19. und 20. Jahrhundert (Veröffentlichungen des Collegium Carolinum, Bd. 66), München 1997, S. 59–60.

20 Arbeiter=Zeitung. Zentralorgan der österreichischen Sozialdemokratie, 17. September 1899, S. 1; *Dubnow*, Weltgeschichte des jüdischen Volkes, Bd. X, S. 98; *Arthur Nussbaum*, Der Polnaer Ritualmordprozess. Eine kriminalpsychologische Untersuchung auf aktenmässiger Grundlage, Berlin 1906.

21 Arbeiter=Zeitung. Zentralorgan der österreichischen Sozialdemokratie, 28. April 1900, S. 7; Prager Abendblatt, 15. November 1900, S. 3; *Dubnow*, Weltgeschichte des jüdischen Volkes, Bd. X, S. 99.

zung“ seiner Eltern wegen der Gewalt[22]. Kaiser Franz Joseph I. (1830–1916)[23] wandelte die Todesstrafe gegen Hilsner 1901 in eine lebenslange Zuchthausstrafe um[24]. Im Jahre 1918 wurde Hilsner begnadigt[25].

In Roudnice/Raudnitz besuchte Mestitz die tschechische Volksschule. Seine „Muttersprache“ war tschechisch, deutsch erlernte er als „Fremdsprache“ bei seinem jüdischen Religionslehrer[26]. In Roudnice/Raudnitz wirkte vor dem Ersten Weltkrieg der Rabbiner Richard Feder (1875–1970) nach seinem Studium der Theologie in Wien. Er verfasste zahlreiche historische Studien wie etwa eine Untersuchung mit dem Titel „Die Brandweinbrennerei und die Juden in Raudnitz“ und schrieb ein Lehrbuch für hebräische Sprache für die Verständigung im „Alltag“. Über seine Deportation nach Theresienstadt und seine dortige Haft fertigte er einen Bericht an, der zu den „eindrücklichsten Zeugnissen der Shoah“ gehört. Seit 1960 war er Oberrabbiner der Tschechoslowakei. Ob er der jüdische Religionslehrer von Mestitz in Roudnice/Raudnitz war, lässt sich der Literatur und den Quellen nicht entnehmen[27].

---

22 AdsD, NL Mestitz, Mappe 9, Anmerkungen zu meinem Leben, Zweite, ergänzte Fassung, 1988, S. 7.

23 *Hugo Hantsch*, Franz Joseph, in: Neue Deutsche Biographie, Bd. 5, hrsg. von der Historischen Kommission bei der Bayerischen Akademie der Wissenschaften, Berlin 1961, S. 361–364.

24 *Dubnow*, Weltgeschichte des jüdischen Volkes, Bd. X, S. 100.

25 *Ilse Reiter*, Gustav Harpner (1864–1924). Vom Anarchistenverteidiger zum Anwalt der Republik, Wien / Köln / Weimar 2008, S. 344.

26 AdsD, NL Mestitz, Mappe 9, Anmerkungen zu meinem Leben, Zweite, ergänzte Fassung, 1988, S. 6–7; *Rasehorn*, Der Untergang der deutschen linksbürgerlichen Kultur, S. 46.

27 *Michael Philipp*, Nachwort, in: Richard Feder, Jüdische Tragödie. Letzter Akt. Theresienstadt 1941–1945. Bericht eines Rabbiners, hrsg. von Michael Philipp, Potsdam 2004, S. 237–261, hier S. 238, 240–241; *Ines Koeltzsch / Michal Frankl / Martina Niedhammer*, Plötzlich Tschechoslowaken, 1917–1938, in: Katerina Capkova / Hillel J. Kieval (Hrsg.), Zwischen Prag und Nikolsburg. Jüdisches Leben in den böhmischen Ländern (Veröffentlichungen des Collegium Carolinum, Bd. 140), Göttingen 2020, S. 209–264, hier S. 243. Siehe: *Richard Feder*, Hebräisches Lehrbuch, Prag 1923.

C) Wien

I. Umzug nach Wien

Im Alter von acht Jahren siedelte Mestitz im Jahre 1912 nach finanziellen Schwierigkeiten der väterlichen Firma in Böhmen mit seinen Eltern nach Wien über[1], wo er mit seiner Familie in der „Anonymität der Großstadt“ lebte[2]. Der Umzug der Familie fügte sich in die Migrationsbewegung von Menschen aus Böhmen und Mähren nach Wien zu dieser Zeit ein. Aufgrund von Zuwanderung entwickelte sich Wien an der Wende vom 19. zum 20. Jahrhundert zur „größten tschechischen Stadt“[3]. Wien zählte mit 2.083.630 Einwohnern um das Jahr 1910 zu den größten Städten der Welt. Hinter London und Paris war Wien die drittgrößte europäische Metropole[4]. Nach dem Tod Karl Luegers (1844–1910)[5] 1910 folgten der Jurist Josef Neumayer (1844–1923)[6] zwischen 1910 und 1912 sowie der Jurist Richard Weiskirchner (1861–1926)[7] von 1913 bis 1919 als Bürgermeister von Wien[8].

---

1 AdsD, NL Mestitz, Mappe 9, Anmerkungen zu meinem Leben, Zweite, ergänzte Fassung, 1988, S. 7; Goethe-Universität Frankfurt am Main, Universitätsarchiv, Bestand Abt. 114 Nr. 108, Blatt 1; *Manfred Weiss*, Franz Mestitz gestorben. Engagement und Lebensmut, in: Uni Report 23. November 1994; Goethe-Universität Frankfurt am Main, Universitätsarchiv, Bestand Abt. 114 Nr. 108, Blatt 52, Curriculum vitae; *Rasehorn*, Der Untergang der deutschen linksbürgerlichen Kultur, S. 45.

2 AdsD, NL Mestitz, Mappe 9, Anmerkungen zu meinem Leben, Zweite, ergänzte Fassung, 1988, S. 8.

3 *Wolfgang Maderthaner*, Von der Zeit um 1860 bis zum Jahr 1945, in: Peter Csendes / Ferdinand Opll (Hrsg.), Wien. Geschichte einer Stadt, Bd. 3, Von 1790 bis zur Gegenwart, Wien / Köln / Weimar 2006, S. 175–544, hier S. 176.

4 Statistisches Jahrbuch der Stadt Wien. Wien in Zahlen, hrsg. vom Magistrat der Stadt Wien, Wien 2021, S. 61; *Anna Ehrlich*, Kleine Geschichte Wiens, Regensburg 2011, S. 129–130; *Maderthaner*, Von der Zeit um 1860 bis zum Jahr 1945, S. 177–178.

5 *John W. Boyer*, Karl Lueger (1844–1910). Christlichsoziale Politik als Beruf. Eine Biografie, Wien / Köln / Weimar 2010.

6 *H. Wohlrab*, Josef Neumayer, in: Österreichisches Biographisches Lexikon, Bd. 7, hrsg. von der Österreichischen Akademie der Wissenschaften, Wien 1978, S. 87–88.

7 *Christian Mertens*, Richard Weiskirchner, in: Österreichisches Biographisches Lexikon, Bd. 16, hrsg. von der Österreichischen Akademie der Wissenschaften, Wien 2019, S. 81–82.

8 *Ehrlich*, Kleine Geschichte Wiens, S. 132.

https://doi.org/10.1515/9783111388656-003

Nach dem Umzug der Familie Mestitz nach Wien „überschatteten“ trotz des Neubaus von Wohnungen Wohnungsnot, hohe Mieten und der Anstieg der Preise für Lebensmittel den Alltag der Menschen[9]. Insbesondere während des Ersten Weltkriegs war die ausreichende Versorgung der Bevölkerung mit Grundnahrungsmitteln, Wohnraum, Kleidung und medizinischer Versorgung nicht gesichert[10]. „Hungerdemonstrationen“ gab es in der Stadt seit 1916[11]. Das „Elend, die Not und die sozialen und politischen Kämpfe“ hinterließen einen tiefen Eindruck auf den jungen Mestitz[12].

II. Ende der Monarchie und Ausrufung der Republik in Österreich

Die Habsburger-Monarchie in Österreich zerfiel nach dem Ersten Weltkrieg – Mestitz war 14 Jahre alt – und am 12. November 1918 wurde durch die Provisorische Nationalversammlung die Republik „Deutschösterreich“ proklamiert, die „Bestandteil“ der am 9. November 1918 in Deutschland ausgerufenen Republik[13], sein sollte[14]. Die Mitglieder der Provisorischen Nationalversammlung zeigten wegen des „Schocks der militärischen Niederlage“ zu einem eine Bereitschaft Österreichs zum „Anschluss“ an die „Deutsche Republik“[15]. Die Bezeichnung „Deutschösterreich“ sollte zum anderen schlichtweg die „sprachliche Einheit dieses Gebiets“ mit der „Deutschen Republik“ ausdrücken[16]. Völkerrechtlich waren die „Anschlussbemühungen“ ohne Bedeutung, da es aufseiten der „Deutschen Republik“ keine Bestrebungen auf Ebene des

---

9 *Ehrlich*, Kleine Geschichte Wiens, S. 132; *Maderthaner*, Von der Zeit um 1860 bis zum Jahr 1945, S. 189; *Boyer*, Karl Lueger, S. 349.

10 *Ehrlich*, Kleine Geschichte Wiens, S. 133; *Maderthaner*, Von der Zeit um 1860 bis zum Jahr 1945, S. 328–329; *Boyer*, Karl Lueger, S. 373–379.

11 *Ehrlich*, Kleine Geschichte Wiens, S. 133; *Maderthaner*, Von der Zeit um 1860 bis zum Jahr 1945, S. 340; *Boyer*, Karl Lueger, S. 361, 373.

12 AdsD, NL Mestitz, Mappe 9, Anmerkungen zu meinem Leben, Zweite, ergänzte Fassung, 1988, S. 49.

13 *Dietmar Willoweit / Steffen Schlinker*, Deutsche Verfassungsgeschichte. Vom Frankenreich bis zur Wiedervereinigung Deutschlands, München 8. Auflage 2019, S. 304–308.

14 Artikel 1, 2, Gesetz vom 12. November 1918 über die Staats = und Regierungsform von Deutschösterreich, Staatsgesetzblatt für den Staat Deutschösterreich, Jahrgang 1918, S. 4; *Hermann Baltl*, Österreichische Rechtsgeschichte. Von den Anfängen bis zur Gegenwart, Graz 1997, S. 269; *Ehrlich*, Kleine Geschichte Wiens, S. 134–135; *Oskar Lehner*, Österreichische Verfassungs- und Verwaltungsgeschichte mit Grundzügen der Wirtschafts- und Sozialgeschichte, Linz 4. Auflage 2007, S. 256, 262–263.

15 *Baltl*, Österreichische Rechtsgeschichte, S. 269.

16 *Baltl*, Österreichische Rechtsgeschichte, S. 244.

Gesetzgebers gab, einen „Anschluss“ von Österreich zu erreichen[17]. Nach dem Gesetz vom 14. März 1919 über die „Volksvertretung“ übernahm die Konstituierende Nationalversammlung die „oberste Gewalt der Republik“[18]. An die Stelle der Wendung Republik „Deutschösterreich“ trat im Oktober 1919 die Bezeichnung „Republik Österreich“[19]. Die österreichische Nationalversammlung beschloss das „Bundes=Verfassungsgesetz“ vom 1. Oktober 1920. Dieses „Bundes=Verfassungsgesetz“, an dessen Ausarbeitung Hans Kelsen (1881–1973), der seit 1917 außerordentlicher und ab 1919 ordentlicher Professor an der Universität in Wien war[20], entscheidend beteiligt war, bestimmte, dass Österreich eine demokratische Republik und ein Bundesstaat mit der „Bundeshauptstadt“ Wien ist[21]. Die Sozialdemokraten erreichten im Gemeinderat von Wien bei den Wahlen vom 4. Mai 1919 die absolute Mehrheit. Unter dem Bürgermeister Jakob Reumann (1853–1925), der sein Amt zwischen 1919 und 1924 bekleidete[22], entwickelte sich Wien zu einer „roten Bastion“[23], in der das Fürsorgewesen erweitert und der städtische soziale Wohnungsbau intensiviert wurden[24].

Mestitz' Vater arbeitete in Wien als „Repräsentant tschechischer Firmen“ und nahm nach dem Ersten Weltkrieg die tschechoslowakische Staatsangehörigkeit an, obwohl er in Wien lebte. Als früherer Einwohner von Roudnice/Raudnitz, dass sich mittlerweile auf dem Staatsgebiet der Tschechoslowakei befand, besaß er die Option zur Annahme der tschechoslowakischen Staatsangehörigkeit. Dies erschien dem Vater von Franz Mestitz wegen der „Vertretung tsche-

17 *Lehner*, Österreichische Verfassungs- und Verwaltungsgeschichte, S. 265.

18 Gesetz vom 14. März 1919 über die Volksvertretung, Staatsgesetzblatt für den Staat Deutschösterreich 1919, S. 405.

19 Gesetz vom 21. Oktober 1919 über die Staatsform, Staatsgesetzblatt für die Republik Österreich, Jahrgang 1919, S. 1153; *Ehrlich*, Kleine Geschichte Wiens, S. 134–135.

20 *Maderthaner*, Von der Zeit um 1860 bis zum Jahr 1945, S. 348; *Robert Walter*, Hans Kelsen, in: Neue Deutsche Biographie, Bd. 11, hrsg. von der Historischen Kommission bei der Bayerischen Akademie der Wissenschaften, Berlin 1977, S. 479–480.

21 Artikel 1, 2, 5, Gesetz vom 1. Oktober 1920, womit die Republik Österreich als Bundesstaat eingerichtet wird (Bundes=Verfassungsgesetz), Staatsgesetzblatt für die Republik Österreich, Jahrgang 1920, S. 1791; § 1, Gesetz vom 10. November 1920, womit die Verfassung des Bundeshauptstadt Wien erlassen wird, Landesgesetzblatt für Wien, Jahrgang 1920, S. 1; *Maderthaner*, Von der Zeit um 1860 bis zum Jahr 1945, S. 349. Wien besaß seit 1920 den Status einer „Ortsgemeinde und Gebietsgemeinde“ sowie die „Stellung eines selbständigen Landes“ mit in weiten Teilen eigener Steuerhoheit.

22 *K. Gladt*, Jakob Reumann, in: Österreichisches Biographisches Lexikon, Bd. 9, hrsg. von der Österreichischen Akademie der Wissenschaften, Wien 1988, S. 96.

23 *Ehrlich*, Kleine Geschichte Wiens, S. 135; *Lehner*, Österreichische Verfassungs- und Verwaltungsgeschichte, S. 284.

24 *Ehrlich*, Kleine Geschichte Wiens, S. 135–137. In der Stadt wurden zwischen 1919 und 1934 65.000 Wohnungen errichtet.

chischer Firmen“ in Wien „oppurtun“. Die Annahme der tschechoslowakischen Staatsangehörigkeit erstreckte sich auf seinen Sohn Franz[25]. Durch das Gesetz „betreffend die Errichtung des selbständigen tschechoslowakischen Staates“ vom 28. Oktober 1918 wurde die Tschechoslowakei errichtet. Eine vorläufige Verfassung bestand in der Tschechoslowakei ab dem 13. November 1918 und eine umfassende sowie „endgültige Verfassung“ seit dem 29. Februar 1920[26]. Die Tschechoslowakei bildete eine demokratische Republik mit einem von der Nationalversammlung gewählten Präsidenten an der Spitze. Es herrschte Gewaltenteilung[27]. Das Präsidentenamt in der Tschechoslowakei bekleidete zwischen November 1918 und Dezember 1935 Tomáš Garrigue Masaryk (1850–1937)[28].

III. Schulzeit

Mestitz besuchte in Wien zunächst die Volksschule und später das „Akademische Gymnasium“, das seit dem 16. Jahrhundert existierte und einer humanisti-

25 AdsD, NL Mestitz, Mappe 9, Anmerkungen zu meinem Leben, Zweite, ergänzte Fassung, 1988, S. 17–18; *Rasehorn*, Der Untergang der deutschen linksbürgerlichen Kultur, S. 46–47. Siehe: Gesetz vom 5. Dezember 1918 über das deutschösterreichische Staatsbürgerrecht, Staatsgesetzblatt für den Staat Deutschösterreich 1918, S. 129.

26 *Franz Adler*, Die Grundgedanken der tschechoslowakischen Verfassungsurkunde in der Entwicklungsgeschichte des Verfassungsrechts (Osteuropa-Institut Breslau, Quellen und Studien, I. Abteilung Recht, Neue Folge, Bd. 3), Berlin 1927, S. 9; *Leo Epstein*, Studienausgabe der Verfassungsgesetze der Tschechoslowakischen Republik, Reichenberg 1932, S. 136–231; *Jörg Hoensch*, Geschichte der Tschechoslowakei, Stuttgart / Berlin / Köln [3]1992, S. 26–27; *Siegfried Lammich*, Die Verfassung der Tschechoslowakei (Quellen zur Rechtsvergleichung / Die Gesetzgebung der sozialistischen Staaten, 20) Berlin 1981, S. 11; *Karel Schelle / Jaromir Tauchen*, Grundriss der tschechoslowakischen Rechtsgeschichte, München 2009, S. 19–24; https://is.muni.cz/elportal/estud/praf/ps08/recht/no_av/pages/1209.html. Siehe: *Ladislav Lipscher*, Verfassung und politische Verwaltung in der Tschechoslowakei 1918–1939 (Veröffentlichungen des Collegium Carolinum, Bd. 34), München 1979, S. 22. Die Slowakei bildete vor Gründung der Tschechoslowakei einen „Bestandteil Ungarns“. Weiterführend hinsichtlich der Verfassungsgerichtsbarkeit: *Jana Osterkamp*, Verfassungsgerichtsbarkeit in der Tschechoslowakei (1920–1939) (Studien zur europäischen Rechtsgeschichte, Bd. 243), Frankfurt am Main 2009.

27 *Adler*, Die Grundgedanken der tschechoslowakischen Verfassungsurkunde, S. 41; *Lipscher*, Verfassung und politische Verwaltung in der Tschechoslowakei, S. 43.

28 *Joachim Bahlcke*, Geschichte Tschechiens. Vom Mittelalter bis zur Gegenwart, München 2014, S. 101; *Lipscher*, Verfassung und politische Verwaltung in der Tschechoslowakei, S. 24; *Schelle / Tauchen*, Grundriss der tschechoslowakischen Rechtsgeschichte, S. 57; *Holm Sundhaussen*, Tomáš Garrigue Masaryk, in: Biographisches Lexikon zur Geschichte Südosteuropas, Bd. 3, hrsg. von Mathias Bernath / Karl Nehring, München 1979, S. 112–114; *W. Goldinger*, Tomáš Garrigue Masaryk, in: Österreichisches Biographisches Lexikon, Bd. 6, hrsg. von der Österreichischen Akademie der Wissenschaften, Wien 1975, S. 123–124.

schen Ausrichtung folgte. Im Jahre 1923 legte er dort die Matura – das Abitur – ab[29]. Über seine Zeit auf dem Gymnasium berichtete er:

> „Ich bin mir gar nicht sicher, daß ich dem Gymnasium als Lehranstalt viel verdanke. Es ist für mich immer sehr schön, in den Erinnerungen mancher Menschen zu lesen, wieviel ihnen die Schule und einzelne Lehrerpersönlichkeiten in's Leben und für's Denken mitgegeben haben. Mich erfüllt das mit Neid. Denn entweder hatte ich nicht das Glück, solchen Lehrern zu begegnen, oder ich war nicht genügend ansprechbar und aufnahmebereit. Ich war ein durchaus mittelmäßiger Schüler, der die Schule allenfalls als unausweichliches Übel akzeptierte."[30]

Mestitz pflegte als Gymnasiast „enge Beziehungen zur sozialistischen Jugendbewegung"[31] und gehörte einer „Gruppe von Freunden" an, die dem österreichischen Pfadfinderbund angeschlossen war. Er distanzierte sich aber von der „Pfadfinderei". Gemeinsam mit der „Gruppe" fühlte er sich der „bündischen Jugend sowie der sozialistischen Jugendbewegung verbunden"[32] und versuchte sich bewusst von der „bürgerlichen Welt" abzugrenzen[33]. Wanderungen, gemeinsame Ferien und „Erlebnisse in der Natur" gehörten zum „Lebensstil" der „Gruppe"[34], die sich in erster Linie aus Schülern des „Akademischen Gymnasiums" und des „Gymnasiums Wien 3" zusammensetzte[35]. Der „Gruppe" stand Richard Kafka vom „Akademischen Gymnasium" voran, der später Rechtswissenschaften in Wien studierte. Kafkas Vater besaß die Buchhandlung Leo am Opernring in Wien[36]. Zu der „Gruppe"

29 AdsD, NL Mestitz, Mappe 9, Anmerkungen zu meinem Leben, Zweite, ergänzte Fassung, 1988, S. 8; Privatbesitz Jan Taussig, Lebenslauf Franz Mestitz 4. September 1972; *Robert Winter*, Das Akademische Gymnasium in Wien. Vergangenheit und Gegenwart, Wien / Köln / Weimar 1996, S. 13.

30 AdsD, NL Mestitz, Mappe 9, Anmerkungen zu meinem Leben, Zweite, ergänzte Fassung, 1988, S. 9.

31 AdsD, NL Mestitz, Mappe 9, Anmerkungen zu meinem Leben, Zweite, ergänzte Fassung, 1988, S. 53.

32 AdsD, NL Mestitz, Mappe 9, Anmerkungen zu meinem Leben, Zweite, ergänzte Fassung, 1988, S. 11, 52; AdsD NL Mestitz, Mappe 3, Brief Mestitz an Rasehorn, 25. Mai 1987.

33 AdsD, NL Mestitz, Mappe 9, Anmerkungen zu meinem Leben, Zweite, ergänzte Fassung, 1988, S. 47.

34 AdsD, NL Mestitz, Mappe 9, Anmerkungen zu meinem Leben, Zweite, ergänzte Fassung, 1988, S. 52; *Rasehorn*, Der Untergang der deutschen linksbürgerlichen Kultur, S. 47.

35 *Friedrich Scheu*, Ein Band der Freundschaft. Schwarzwald-Kreis und Entstehung der Vereinigung Sozialistischer Mittelschüler, Wien / Köln / Graz 1985, S. 106.

36 *Scheu*, Ein Band der Freundschaft, S. 106; *Ulla Remmer*, Die Wiener Buchhandlung Franz Leo & Comp. in der ersten Hälfte des 20. Jahrhunderts, in: Mitteilungen der Gesellschaft für Buchforschung in Österreich 2017-2, S. 23–49, hier S. 27–35.

gehörte Gerhart Ladner (1905–1993)[37]. Ladner und Mestitz verband eine lebenslange Freundschaft[38]. Ladner wurde 1930 in den Geschichtswissenschaften an der Universität Wien promoviert. Nach seiner Habilitation an der Universität Wien 1938 emigrierte er noch im selben Jahr nach Kanada und wanderte 1946 in die USA aus. Ab 1963 war er Professor für Geschichte an der University of California in Los Angeles. Sein primäres Forschungsfeld galt der mittelalterlichen Geschichte. Ab 1951 war er korrespondierendes Mitglied der Monumenta Germaniae Historica in München[39]. Noch im hohen Alter begegneten sich Mestitz und Ladner. Im Jahre 1984 trafen sich beide für zwei Tage in Bern in der Schweiz[40].

Eine „intensive jüdische Religiosität" zeichnete seine Eltern – so Franz Mestitz – in den Wiener Lebensjahren nicht aus. Die „religiöse Aktivität" der Eltern beschränkte sich auf den Besuch der Synagoge an hohen Feiertagen[41]. Aus der israelitischen Kultusgemeinde in Wien trat Mestitz mit 16 Jahren aus, da er es „für unaufrichtig hielt, einer Gemeinschaft anzugehören", die ihm, wie er es ausdrückte, „nichts bedeutete"[42]. Über seine Zugehörigkeit zum Judentum als Jugendlicher und junger Erwachsener schrieb er in seinen Lebenserinnerungen im Rückblick:

> „Ich schwamm eben im allgemeinen Meer eines ziemlich gedankenlosen Assimilantismus, der nicht nur für meine Familie charakteristisch war und dessen Erfolg

---

37 *Gerhart B. Ladner*, Erinnerungen (Österreichische Akademie der Wissenschaften, Philosophisch-Historische Klasse, Sitzungsberichte, Bd. 617), Wien 1994, S. 21–22; AdsD, NL Mestitz, Mappe 9, Anmerkungen zu meinem Leben, Zweite, ergänzte Fassung, 1988, S. 113 Anm. 5; AdsD, NL Mestitz, Mappe 1/2, Brief Mestitz an Fuhrmann, 24. März 1991; AdsD, NL Mestitz, Mappe 1/2, Brief Zeisel an Henrich. Siehe zudem: *Scheu*, Ein Band der Freundschaft, S. 106. Zu der „Gruppe" gehörten des Weiteren: Egon Schramek, Norbert David, Paul Boschan, Karl Huttrer, Kurt Bettelheim und Tommy Schwarz; Biographisches Handbuch der deutschsprachigen Emigration nach 1933–1945, hrsg. vom Institut für Zeitgeschichte – Research Foundation for Jewish Immigration, Bd. 2, Teil 1, München 1999, S. 683.

38 *Ladner*, Erinnerungen, S. 22.

39 Biographisches Handbuch der deutschsprachigen Emigration nach 1933–1945, hrsg. vom Institut für Zeitgeschichte – Research Foundation for Jewish Immigration, Bd. 2, Teil 1, S. 683.

40 AdS, NL Mestitz, Mappe 3, Brief Mestitz an Hans Kampffmeyer, 22. Oktober 1984.

41 AdsD, NL Mestitz, Mappe 9, Anmerkungen zu meinem Leben, Zweite, ergänzte Fassung, 1988, S. 5.

42 AdsD, NL Mestitz, Mappe 9, Anmerkungen zu meinem Leben, Zweite, ergänzte Fassung, 1988, S. 13.

für mich jedenfalls nicht in Frage stand. Ich zerbrach mir auch nicht den Kopf darüber, was Assimilation bedeuten konnte.“[43]

Als Jugendlicher erlebte Mestitz 1916 die Ermordung des österreichischen Ministerpräsidenten Karl Stürgkh (1859–1916)[44], der als das „Sinnbild des kaiserlich-königlichen Beamten“ galt[45], durch Friedrich Adler (1879–1960)[46]. Er gab zu, diese Tat „romantisch“ verklärt zu haben[47]. Beeindruckt zeigte er sich von den Gedanken Karl Liebknechts (1871–1919)[48] und Rosa Luxemburgs (1871–1919)[49] sowie von Gustav Landauers (1870–1919)[50] „Aufruf zum Sozialismus“, der 1919 in zweiter Auflage als Buch erschien[51]. In der Schrift forderte Landauer das Leben eines „praktischen Sozialismus“ in Siedlungen auf dem Land sowie in Genossenschaften[52]. Als Schüler las Mestitz die Schriften von Karl Marx (1818–1883)[53] und Friedrich

43 AdsD, NL Mestitz, Mappe 9, Anmerkungen zu meinem Leben, Zweite, ergänzte Fassung, 1988, S. 12.

44 *Lothar Höbelt*, Karl Stürgkh, in: Neue Deutsche Biographie, Bd. 25, hrsg. von der Historischen Kommission bei der Bayerischen Akademie der Wissenschaften, Berlin 2013, S. 632–634.

45 *John Zimmermann*, Der Prozess gegen Friedrich Adler, Österreich 1916, in: Kurt Groenewold / Alexander Ignor / Arnd Koch (Hrsg.), Lexikon der Politischen Strafprozesse, https://www.lexikon-der-politischen-strafprozesse.de/glossar/adler-friedrich/.

46 *Zimmermann*, Der Prozess gegen Friedrich Adler, Österreich 1916, https://www.lexikon-der-politischen-strafprozesse.de/glossar/adler-friedrich/.

47 AdsD, NL Mestitz, Mappe 9, Anmerkungen zu meinem Leben, Zweite, ergänzte Fassung, 1988, S. 48.

48 *Hermann Weber*, Karl Liebknecht, in: Neue Deutsche Biographie, Bd. 14, hrsg. von der Historischen Kommission bei der Bayerischen Akademie der Wissenschaften, Berlin 1985, S. 505–506.

49 AdsD, NL Mestitz, Mappe 9, Anmerkungen zu meinem Leben, Zweite, ergänzte Fassung, 1988, S. 49; *Iring Fetscher*, Rosa Luxemburg, in: Neue Deutsche Biographie, Bd. 15, hrsg., von der Historischen Kommission bei der Bayerischen Akademie der Wissenschaften, Berlin 1987, S. 578–582.

50 *Norbert Altenhofer*, Gustav Landauer, in: Neue Deutsche Biographie, Bd. 13, hrsg. von der Historischen Kommission bei der Bayerischen Akademie der Wissenschaften, Berlin 1982, S. 491–493.

51 *Gustav Landauer*, Aufruf zum Sozialismus, Berlin 1919; AdsD, NL Mestitz, Mappe 9, Anmerkungen zu meinem Leben, Zweite, ergänzte Fassung, 1988, S. 50.

52 *Altenhofer*, Gustav Landauer, S. 492.

53 *Iring Fetscher*, Karl Marx, in: Neue Deutsche Biographie, Bd. 16, hrsg., von der Historischen Kommission bei der Bayerischen Akademie der Wissenschaften, Berlin 1990, S. 328–344.

Engels (1820–1895)[54]. Er drang, so nannte er es, „in eine Gedankenwelt" ein, die ihn „gefesselt und nie wieder losgelassen hat"[55].

Friedrich Scheu (1905–1985), der später Mitglied im „Verband Sozialistischer Studenten" war, in den 1920er-Jahren in Wien Rechtswissenschaften studierte, 1938 nach London emigrierte und nach 1945 Journalist in Österreich und Deutschland war[56], schrieb über Mestitz als Jugendlichen:

> „Der dunkelhaarige Franz Mestitz, der durch seine leichte Überbetonung der Konsonanten verriet, daß er als Kind tschechisch gesprochen hatte, war gescheit und hatte Humor."[57]

Bemühungen von Mestitz zur Erlangung der österreichischen Staatsangehörigkeit im Jahre 1922 scheiterten. Der Erwerb der österreichischen Staatsangehörigkeit misslang, da er nicht aus dem „tschechoslowakischen Staatsverband entlassen wurde"[58].

IV. Studium der Rechtswissenschaften

Mestitz studierte an der Rechts- und Staatswissenschaftlichen Fakultät der Universität Wien, der Alma Mater Rudolphina, die 1356 gegründet worden war[59], seit dem Wintersemester 1923/24 Rechtswissenschaften. Im Wintersemester 1925/26 unterbrach er sein Studium in Wien und studierte für ein Semester Rechtswissenschaften an der Humboldt-Universität zu Berlin. Er beendete sein Studium in Wien 1928[60]. Das „Wien dieser Jahre" war – so

54 AdsD, NL Mestitz, Mappe 9, Anmerkungen zu meinem Leben, Zweite, ergänzte Fassung, 1988, S. 49–50. Friedrich Ebert (1871–1925) und Philipp Scheidemann (1865–1939) nannte Mestitz „Verräter der Arbeiterklasse"; *Hermann Bollnow*, Friedrich Engels, in: Neue Deutsche Biographie, Bd. 4, hrsg. von der Historischen Kommission bei der Bayerischen Akademie der Wissenschaften, Berlin 1959, S. 521–527.

55 AdsD, NL Mestitz, Mappe 9, Anmerkungen zu meinem Leben, Zweite, ergänzte Fassung, 1988, S. 50.

56 Biographisches Handbuch der deutschsprachigen Emigration nach 1933–1945, hrsg. vom Institut für Zeitgeschichte – Research Foundation for Jewish Immigration, Bd. 1, München 1999, S. 643.

57 *Scheu*, Ein Band der Freundschaft, S. 126.

58 Privatbesitz Jan Taussig, Lebenslauf Franz Mestitz 4. September 1972.

59 *Kamila Staudigl-Ciechowicz*, Das Studium der Rechtswissenschaften, in: Thomas Olechowski / Tamara Ehs / Kamila Staudigl-Ciechowicz (Hrsg.), Die Wiener Rechts- und Staatswissenschaftliche Fakultät 1918–1938 (Schriften des Archivs der Universität Wien, Bd. 20), Göttingen 2014, S. 129–172, hier S. 129.

60 AdsD, NL Mestitz, Mappe 9, Anmerkungen zu meinem Leben, Zweite, ergänzte Fassung, 1988, S. 14, 132; Privatbesitz Jan Taussig, Lebenslauf Franz Mestitz

Hans Zeisel (1905–1992)[61] – der „Geburtsort der Psychoanalyse Freuds und der Individualpsychologie Alfred Adlers“[62].

Die rechtliche Grundlage für das Studium von Mestitz bot die Studienordnung von 1893[63]. Um die Qualifikation für den öffentlichen Dienst zu erwerben, mussten Mestitz und seine Kommilitonen eine rechtshistorische, judizielle und staatswissenschaftliche Staatsprüfung bestehen[64]. Die zu absolvierenden Fächer für die rechtshistorische Staatsprüfung stellten nach der Studienordnung von 1893 das römische Recht, das Kirchenrecht, das „deutsche Recht“ und die österreichische Rechtsgeschichte dar. Die Studierenden mussten vor der rechtshistorischen Staatsprüfung eine Vorlesung an der philosophischen Fakultät auf dem Gebiet der Philosophie hören. Vor oder nach der rechtshistorischen Staatsprüfung hatten die Studierenden eine Vorlesung an der philosophischen Fakultät über die Geschichte der Philosophie und eine Vorlesung über allgemeine vergleichende und österreichische Statistik zu besuchen[65]. Prüfungsgegenstände der judiziellen und staatswissenschaftlichen Staatsprüfung waren das Privatrecht, Handels- und Wechselrecht, zivilgerichtliche Verfahren, das Strafrecht sowie der Strafprozess, das Staatsrecht, die Verwaltungslehre und das Verwaltungsrecht, die Volkswirtschaftslehre und die Volkswirtschaftspolitik sowie die Finanzwissenschaft[66]. Besuchen und bestehen muss-

4. September 1972; *Rasehorn*, Der Untergang der deutschen linksbürgerlichen Kultur, S. 17.

61 Biographisches Handbuch der deutschsprachigen Emigration nach 1933–1945, hrsg. vom Institut für Zeitgeschichte – Research Foundation for Jewish Immigration, Bd. 2, Teil 2, München 1999, S. 1275–1276.

62 *Hans Zeisel*, Mehr Gerechtigkeit. Erinnerungen an den Austromarxismus, in: Franz Kreuzer, Die Ohnmacht der Henker, Wien 1986, S. 62–74, hier S. 66.

63 Gesetz vom 20. April 1893, betreffend die rechts = und staatswissenschaftlichen Studien und Staatsprüfungen, Reichsgesetzblatt für die im Reichsrathe vertretenen Königreiche und Länder, Wien 1893, S. 147; *Staudigl-Ciechowicz*, Das Studium der Rechtswissenschaften, S. 130.

64 § 1, Gesetz vom 20. April 1893, betreffend die rechts = und staatswissenschaftlichen Studien und Staatsprüfungen, Reichsgesetzblatt für die im Reichsrathe vertretenen Königreiche und Länder, Wien 1893, S. 147–148; *Staudigl-Ciechowicz*, Das Studium der Rechtswissenschaften, S. 130.

65 § 4, Gesetz vom 20. April 1893, betreffend die rechts = und staatswissenschaftlichen Studien und Staatsprüfungen, Reichsgesetzblatt für die im Reichsrathe vertretenen Königreiche und Länder, Wien 1893, S. 147–148; *Staudigl-Ciechowicz*, Das Studium der Rechtswissenschaften, S. 131.

66 § 4, Gesetz vom 20. April 1893, betreffend die rechts = und staatswissenschaftlichen Studien und Staatsprüfungen, Reichsgesetzblatt für die im Reichrathe vertretenen Königreiche und Länder, Wien 1893, S. 148; *Staudigl-Ciechowicz*, Das Studium der Rechtswissenschaften, S. 132.

ten Mestitz und seine Studienkollegen Übungen aus den „Fächern der rechtshistorischen, der judiziellen und der staatswissenschaftlichen Gruppe“[67].

Mestitz wählte das Studienfach Rechtswissenschaften aus persönlichen Motiven. Eigentlich wollte er „Historiker werden“. Da jedoch sein ältester Bruder Paul Mestitz (1894–1922)[68], der Jurist war, Suizid beging, studierte er auf Bitten seiner Mutter hin Rechtswissenschaften, um ihr, wie er es ausdrückte, „das Andenken an den Ältesten wachzuhalten“[69]. Nach den Vorstellungen seiner Eltern, die nach Mestitz Angaben „in den Traditionen des gehobenen jüdischen Mittelstandes wurzelten“, gab es „zwei akademische Berufe, die Ansehen und eine gesicherte Existenz boten: Mediziner und Jurist“[70]. Walter Mestitz (1896–1959)[71], der weitere Bruder von Mestitz, ergriff den Beruf des Arztes[72]. Mit „großer Begeisterung“ verfolgte Mestitz sein Studium der Rechtswissenschaften nicht. Er berichtete, „Jura … nur sporadisch“ „während der notwendigsten Vorbereitungszeit vor den Prüfungen“ studiert zu haben. Mestitz widmete sich an der Universität der Geschichte, Volkswirtschaftslehre und Soziologie[73] und zeigte sich – wie er es in seinen Lebenserinnerungen festhielt – „einfach angewidert von der langweiligen Paragraphenpaukerei“ im Jurastudium sowie „verzweifelt von der Aussicht“, sich sein „ganzes Leben mit diesem öden Zeug herumschlagen zu müssen ohne eine wirkliche Möglichkeit auszubrechen“[74]. Seine „Universitätsjahre“ bezeichnete er als „vergeudet“. Von den „Anregungen“ und Vorlesungen, die die prominenten Hochschullehrer Moriz Wlassak (1854–1939)[75] und Kelsen boten, machte er „kaum

67 *Staudigl-Ciechowicz*, Das Studium der Rechtswissenschaften, S. 141.

68 Schriftliche Auskunft von Jan Taussig vom 6. Juli 2023.

69 AdsD, NL Mestitz, Mappe 9, Anmerkungen zu meinem Leben, Zweite, ergänzte Fassung, 1988, S. 131; *Rasehorn*, Der Untergang der deutschen linksbürgerlichen Kultur, S. 56.

70 AdsD, NL Mestitz, Mappe 9, Anmerkungen zu meinem Leben, Zweite, ergänzte Fassung, 1988, S. 132.

71 Schriftliche Auskunft von Jan Taussig vom 6. Juli 2023.

72 AdsD, NL Mestitz, Mappe 9, Anmerkungen zu meinem Leben, Zweite, ergänzte Fassung, 1988, S. 4.

73 AdsD, NL Mestitz, Mappe 9, Anmerkungen zu meinem Leben, Zweite, ergänzte Fassung, 1988, S. 132; *Rasehorn*, Der Untergang der deutschen linksbürgerlichen Kultur, S. 57.

74 AdsD, NL Mestitz, Mappe 9, Anmerkungen zu meinem Leben, Zweite, ergänzte Fassung, 1988, S. 135.

75 *Kamila Staudigl-Ciechowicz*, Römisches Recht, in: Thomas Olechowski / Tamara Ehs / Kamila Staudigl-Ciechowicz (Hrsg.), Die Wiener Rechts- und Staatswissenschaftliche Fakultät 1918–1938 (Schriften des Archivs der Universität Wien, Bd. 20), Göttingen 2014, S. 263–291, hier S. 264–268.

Gebrauch“[76]. In Erinnerung blieben ihm die Digestenexegese bei dem Romanisten Stephan Brassloff (1875–1943)[77] und die Übungen des Staats- und Verwaltungsrechtlers Adolf Merkl (1890–1970)[78]. Brassloff, der der israelitischen Kultusgemeinde in Wien angehörte, war seit 1919 außerordentlicher Professor für Römisches Recht an der Universität Wien. Seine Forschungsgebiete galten dem griechisch-ägyptischen Recht, dem römischen Recht und der Epigraphik. Brassloff wurde im August 1942 nach Theresienstadt verschleppt und dort mit seiner Ehefrau im Februar 1943 ermordet[79]. Merkl war seit 1921 außerordentlicher und ab 1932 ordentlicher Professor an der Universität Wien. Im Dezember 1939 wurde er in den „dauernden Ruhestand“ versetzt. Seit Anfang der 1940er-Jahre war er Inhaber einer Professur für öffentliches Recht in Tübingen. Im Jahre 1950 übernahm er seinen alten Lehrstuhl an der Universität Wien erneut[80].

Interesse an den Rechtswissenschaften entwickelte Mestitz nach der Lektüre von Gustav Radbruchs (1878–1949)[81] Werk „Einführung in die Rechtswissenschaft“, das 1910 erstmals erschien[82]. Mestitz bemerkte über dieses Buch:

> „Aber erst durch Radbruchs Einführung – sie sprach mich auch stilistisch und vor allem durch das Pathos der Redlichkeit ungemein an –, erst durch sie erfuhr ich, wie lebendig das war, was mir als so langweilig und öde erschien, was es da für Entwicklungen gab, was für Zusammenhänge und drängende Probleme.“[83]

---

76 AdsD, NL Mestitz, Mappe 9, Anmerkungen zu meinem Leben, Zweite, ergänzte Fassung, 1988, S. 136.

77 *Thomas Olechowski*, Stephan Braßloff (1875–1943), in: Österreichisch Biographisches Lexikon ab 1815, 2. Überarbeitete Auflage, https://www.biographien.ac.at/oebl/oebl_B/Brassloff_Stephan_1875_1943.xml.

78 AdsD, NL Mestitz, Mappe 9, Anmerkungen zu meinem Leben, Zweite, ergänzte Fassung, 1988, S. 136–137; *Herbert Schambeck*, Adolf Merkl, in: Neue Deutsche Biographie, Bd. 17, hrsg. von der Historischen Kommission bei der Bayerischen Akademie der Wissenschaften, Berlin 1994, S. 157–158.

79 *Olechowski*, Stephan Braßloff (1875–1943), https://www.biographien.ac.at/oebl/oebl_B/ Brassloff_Stephan_1875_1943.xml.

80 *Schambeck*, Adolf Merkl, S. 157–158.

81 *Günter Spendel*, Gustav Radbruch, in: Neue Deutsche Biographie, hrsg. von der Historischen Kommission bei der Bayerischen Akademie der Wissenschaften, Bd. 21, Berlin 2003, S. 83–86. Radbruch war zwischen Oktober 1921 und November 1922 sowie von August bis November 1923 deutscher Reichsjustizminister. Im Jahre 1910 war er außerordentlicher Professor in Heidelberg und ab 1914 in Königsberg. Seit 1919 war er ordentlicher Professor in Kiel und zwischen 1926 und 1933 in Heidelberg.

82 *Gustav Radbruch*, Einführung in die Rechtswissenschaft, Leipzig 1910; AdsD, NL Mestitz, Mappe 9, Anmerkungen zu meinem Leben, Zweite, ergänzte Fassung, 1988, S. 135.

83 AdsD, NL Mestitz, Mappe 9, Anmerkungen zu meinem Leben, Zweite, ergänzte Fassung, 1988, S. 135.

Seinen „Einstieg in das Arbeitsrecht" erhielt Mestitz nicht im Studium an der Universität[84], sondern an der „Wiener Kammer für Arbeiter und Angestellte", wo er an einem Seminar im Arbeitsrecht für Studenten unter der Leitung des Juristen Hermann Heindl, der später ein „begeisterter" Nationalsozialist war[85], teilnahm[86]. Heindl war Sekretär der „Wiener Kammer für Arbeiter und Angestellte"[87], die aufgrund des Gesetzes vom 26. Februar 1920 über die „Errichtung von Kammern für Arbeiter und Angestellte (Arbeiterkammern)" gegründet wurde[88]. Die in ganz Österreich errichteten Arbeiterkammern vertraten die „Interessen der im Gewerbe, in der Industrie, im Handel, Verkehr und im Bergbau tätigen Arbeiter und Angestellten". Sie dienten einer „Förderung der auf die Hebung der wirtschaftlichen und sozialen Lage der Arbeiter und Angestellten abzielenden Bestrebungen"[89].

An der „Wiener Kammer für Arbeiter und Angestellte" lernte Mestitz die Schriften von Sinzheimer[90], der bis in die Gegenwart als Mitbegründer des Arbeitsrechts als wissenschaftliche Disziplin gilt[91], kennen. Motiviert durch den Unterricht an der Arbeiterkammer befasste er sich im Eigenstudium mit Sinzheimers Lehrbuch „Grundzüge des Arbeitsrechts", das im Jahre 1921

---

84 AdsD, NL Mestitz, Mappe 9, Anmerkungen zu meinem Leben, Zweite, ergänzte Fassung, 1988, S. 153 Anm. 5.

85 AdsD, NL Mestitz, Mappe 9, Anmerkungen zu meinem Leben, Zweite, ergänzte Fassung, 1988, S. 137.

86 AdsD, NL Mestitz, Mappe 9, Anmerkungen zu meinem Leben, Zweite, ergänzte Fassung, 1988, S. 137, 162.

87 *Eva Kocher*, Die historische „Zeitschrift für soziales Recht" – 1928–1934. Gegenstände und Bedeutung des Konzepts in heutiger Zeit, in: Soziales Recht 2013, S. 53–63.

88 Gesetz vom 26. Februar 1920 über die Errichtung von Kammern für Arbeiter und Angestellte (Arbeiterkammern), Staatsgesetzblatt für die Republik Österreich 1920, S. 171–176.

89 § 1, Gesetz vom 26. Februar 1920 über die Errichtung von Kammern für Arbeiter und Angestellte (Arbeiterkammern), Staatsgesetzblatt für die Republik Österreich 1920, S. 171.

90 AdsD, NL Mestitz, Mappe 9, Anmerkungen zu meinem Leben, Zweite, ergänzte Fassung, 1988, S. 161.

91 *Blanke*, Hugo Sinzheimer, S. 475; *Knorre*, Soziale Selbstbestimmung und individuelle Verantwortung, S. 14; *Simone Ladwig-Winters*, Ernst Fraenkel. Ein politisches Leben, Frankfurt am Main / New York 2009, S. 48; *Franz Mestitz*, Hugo Sinzheimer und das Arbeitsrecht – einst und jetzt, in: Zeitschrift für Neuere Rechtsgeschichte 15 (1993), S. 35–53, hier S. 43, 53; AdsD, NL Mestitz, Mappe 1/2, Brief Mestitz an Diestelkamp, 26. März 1992.

in erster[92] und 1927 in zweiter Auflage erschien[93]. Das Werk beeindruckte Mestitz nach seinen Worten durch das „Bestreben, nicht eine dogmatische Interpretation des Arbeitsrechts zu geben, sondern das Arbeitsrecht und seine Ausformungen aus der Struktur und dem Funktionieren der antagonistischen gesellschaftlichen Kräfte zu erklären, die in den modernen Arbeitsbeziehungen gegeneinander, aber auch miteinander wirken“[94]. Es untersuchte die „Lebenswirklichkeit in der Arbeitswelt als realen Gegenstand“ und die „Organisation der praktischen Arbeitswelt“. Das Buch folgte einer rechtsdogmatischen und rechtssoziologischen Methode[95] und setzte sich deutlich von den bestehenden Grundlagenwerken zum Arbeitsrecht ab[96]. Jenseits seines Ansatzes in seinem Lehrbuch unterschied sich Sinzheimer nach den Feststellungen von Mestitz in einem weiteren Punkt von seinen zeitgenössischen Kollegen im Arbeitsrecht wie etwa von Erwin Jacobi (1884–1965)[97] oder Walter Kaskel (1882–1928)[98]. Das „Vorhandensein … einer expliziten und bewußten philosophischen Grundhaltung“ gab es nach den Worten von Mestitz „nur bei Sinzheimer“[99].

---

92 *Hugo Sinzheimer*, Grundzüge des Arbeitsrechts. Eine Einführung, Jena 1921.

93 AdsD, NL Mestitz, Mappe 9, Anmerkungen zu meinem Leben, Zweite, ergänzte Fassung, 1988, S. 161; *Hugo Sinzheimer*, Grundzüge des Arbeitsrechts, Jena 1927.

94 AdsD, NL Mestitz, Mappe 9, Anmerkungen zu meinem Leben, Zweite, ergänzte Fassung, 1988, S. 161.

95 *Otto Ernst Kempen*, Hugo Sinzheimer. Architekt des kollektiven Arbeitsrechts und Verfassungspolitiker (Gründer, Gönner und Gelehrte, Bd. 16), Frankfurt am Main 2017, S. 97–99; allgemein: Manfred Weiss, Arbeitsrechtswissenschaft auf den Spuren Hugo Sinzheimers, in: 100 Jahre Rechtswissenschaft in Frankfurt. Erfahrungen, Herausforderungen, Erwartungen, hrsg. vom Fachbereich Rechtswissenschaft der Goethe-Universität Frankfurt am Main, Frankfurt am Main 2014, S. 577–589, hier S. 581.

96 *Mestitz*, Hugo Sinzheimer und das Arbeitsrecht, S. 35. Zu entscheidenden weiteren Werken zum Arbeitsrecht in der Weimarer Zeit: Erwin Jacobi, Grundlehren des Arbeitsrechts, Leipzig 1927; *Walter Kaskel*, Arbeitsrecht, Berlin 1928.

97 *Martin Otto*, Von der Eigenkirche zum Volkseigenen Betrieb: Erwin Jacobi (1884–1965). Arbeits-, Staats- und Kirchenrecht zwischen Kaiserreich und DDR (Beiträge zur Rechtsgeschichte des 20. Jahrhunderts, Bd. 57), Tübingen 2008.

98 *Florian Tenstedt*, Walter Kaskel, in: Neue Deutsche Biographie, hrsg. von der Historischen Kommission bei der Bayerischen Akademie der Wissenschaften, Bd. 11, Berlin 1977, S. 318–319; *Dieter G. Maier / Jürgen Nürnberger*, 125. Geburtstag des Mitbegründers der Neuen Zeitschrift für Arbeitsrecht Walter Kaskel und des neuzeitlichen Arbeitsrechts in Deutschland, NJW 60 (2007), S. 1414–1417.

99 AdsD, NL Mestitz, Mappe 3, Brief Mestitz an Ramm, 6. Juli 1992; AdsD, NL Mestitz, Mappe 1/2, Brief Mestitz an Benöhr, 11. Juli 1991.

Mestitz widmete sich in Wien dem Arbeitsrecht, das für ihn eine „Anziehungskraft, die über die anderen Rechtsgebiete hinausging“, besaß[100], weil er „glaubte, auf diesem Gebiet als Jurist am besten der Arbeiterbewegung dienen zu können“, wozu er sich nach eigenen Angaben „verpflichtet fühlte“[101]. Er hegte während des Studiums – wie er betonte – eine „gehörige Dosis Romantizismus zur sozialistischen Arbeiterbewegung“ in Österreich[102]. Nach seiner Auffassung war die österreichische Arbeiterbewegung neben der „norwegischen der Prototyp einer klassenbewussten, nicht bolschewistischen Arbeiterbewegung“[103].

Während seiner Studienzeit trat Mestitz der SPÖ, die er eine „klassenbewusste, kämpferische und machtbewusste Partei“ nannte[104], bei. Einen Posten als „Funktionär“ übernahm er in der Partei zu keinem Zeitpunkt[105]. Er fühlte sich nach seinen eigenen Angaben zugehörig zum Austromarxismus. Der Austromarxismus war für ihn der „gelungene Versuch eines nichtdogmatischen Marxismus“[106]. Mestitz stammte nicht aus einer „sozialistischen Familie“ und zwischen seiner Familie und der „Gedankenwelt des Sozialismus“ sowie der „Praxis der Arbeiterbewegung“ lagen – wie er es nannte – „Welten der Ahnungslosigkeit“[107].

Mestitz war Mitglied der „Akademischen Legion des Republikanischen Schutzbundes“[108], der sich 1923/1924 konstituierte. Bei dieser handelte es sich um eine „paramilitärische Organisation aus Ordnerformationen“ von Sozialdemokraten[109].

---

100 AdsD, NL Mestitz, Mappe 9, Anmerkungen zu meinem Leben, Zweite, ergänzte Fassung, 1988, S. 134.

101 AdsD, NL Mestitz, Mappe 9, Anmerkungen zu meinem Leben, Zweite, ergänzte Fassung, 1988, S. 133.

102 AdsD, NL Mestitz, Mappe 9, Anmerkungen zu meinem Leben, Zweite, ergänzte Fassung, 1988, S. 134.

103 AdsD NL Mestitz, Mappe 3, Brief Mestitz an Rasehorn, 15. Juni 1987.

104 AdsD, NL Mestitz, Mappe 9, Anmerkungen zu meinem Leben, Zweite, ergänzte Fassung, 1988, S. 55.

105 AdsD, NL Mestitz, Mappe 9, Anmerkungen zu meinem Leben, Zweite, ergänzte Fassung, 1988, S. 15, 56–57.

106 AdsD, NL Mestitz, Mappe 9, Anmerkungen zu meinem Leben, Zweite, ergänzte Fassung, 1988, S. 53–54.

107 AdsD, NL Mestitz, Mappe 9, Anmerkungen zu meinem Leben, Zweite, ergänzte Fassung, 1988, S. 45.

108 AdsD, NL Mestitz, Mappe 9, Anmerkungen zu meinem Leben, Zweite, ergänzte Fassung, 1988, S. 15; *Rasehorn*, Der Untergang der deutschen linksbürgerlichen Kultur, S. 17.

109 *Ehrlich*, Kleine Geschichte Wiens, S. 138; *Lehner*, Österreichische Verfassungs- und Verwaltungsgeschichte, S. 284.

Mestitz begegnete als Student in Wien einem – wie er es ausrückte – „militanten und brutalen Antisemitismus“[110]. Die Angehörigen der „Heimwehr“ und des „Heimschutzes“, die „paramilitärische Organisationen“ darstellten und sich aus monarchistischen und deutschnationalen Kräften zusammensetzten, verbanden ihren Hass auf die Demokratie und Republik mit einem radikalen rassistischen Antisemitismus[111]. Das Ziel dieser Organisationen bildete die „Errichtung eines faschistischen, ständisch gegliederten Staates“ in Österreich[112]. Offenen Antisemitismus an der Universität zeigten der „Deutsche Klub“[113] und die „Fachgruppe Hochschulwesen“ der „Deutschen Gemeinschaft für alkoholfreie Kultur“, der ein eingetragener Verein in Wien war und sich aus katholischen sowie deutschnationalen Gruppierungen zusammensetzte. Die „Fachgruppe Hochschulwesen“ veröffentlichte Listen, die die politische Einstellung und religiöse Herkunft von Professoren beinhalteten[114]. Gegen Professoren jüdischer Herkunft hetzte die „völkische Studentenschaft“ in der „Deutschösterreichischen Tages-Zeitung“[115]. Rechtsradikale Studenten störten in Wien die „Vorlesungen jüdischer Professoren“ unter der Anwendung von physischer Gewalt. Eine „Zielscheibe des Antisemitismus“ durch Studenten und Professorenkollegen war Kelsen[116]. Rechtsradikale Studenten zettelten, ohne dass die Polizei eingriff, „massive Prügeleien“ mit den Vertretern der „Vereinigung sozialistischer Studenten“, der Mestitz angehörte, an[117]. Nach der Teilnahme an einer solchen „Prügelei“ wurde Mestitz als „Jude oder Sozialist“ – wie er es in seinen Lebenserinnerungen niederschrieb – von einem historischen Proseminar bei Alfons Dopsch (1868–1953)[118] ausgeschlossen.

110 AdsD, NL Mestitz, Mappe 9, Anmerkungen zu meinem Leben, Zweite, ergänzte Fassung, 1988, S. 14.

111 *Victor Karady*, Gewalterfahrung und Utopie. Juden in der europäischen Moderne, Frankfurt am Main 1999, S. 237; *Ehrlich*, Kleine Geschichte Wiens, S. 138.

112 *Lehner*, Österreichische Verfassungs- und Verwaltungsgeschichte, S. 285.

113 *Kamila Staudigl-Ciechowicz*, Exkurs: Akademischer Antisemitismus, in: Thomas Olechowski / Tamara Ehs / Kamila Staudigl-Ciechowicz (Hrsg.), Die Wiener Rechts- und Staatswissenschaftliche Fakultät 1918–1938 (Schriften des Archivs der Universität Wien, Bd. 20), Göttingen 2014, S. 67–77, hier S. 70–72.

114 *Staudigl-Ciechowicz*, Exkurs: Akademischer Antisemitismus, S. 67, 69–70.

115 *Staudigl-Ciechowicz*, Exkurs: Akademischer Antisemitismus, S. 68.

116 AdsD, NL Mestitz, Mappe 9, Anmerkungen zu meinem Leben, Zweite, ergänzte Fassung, 1988, S. 15, 56.

117 AdsD, NL Mestitz, Mappe 9, Anmerkungen zu meinem Leben, Zweite, ergänzte Fassung, 1988, S. 15, 56.

118 *Hanna Vollrath*, Alfons Dopsch, in: Hans-Ulrich Wehler (Hrsg.), Deutsche Historiker, Bd. 7, Göttingen 1980, S. 39–54.

Hätte er auf der „nationalen Seite geprügelt“, wäre er – so Mestitz – nicht aus dem Seminar verwiesen worden[119].

Ein Studienfreund von Mestitz war Hans Zeisel, dessen Eltern ursprünglich aus dem Sudetenland stammten[120]. Zeisel fühlte sich während seines Studiums – wie Mestitz – der „sozialistischen Bewegung“ verbunden und wollte an der „Entstehung“ einer „neuen Gesellschaft“ mitwirken[121]. Die „soziale Demokratie“ bildete für ihn die „Vollendung der politischen Demokratie“[122]. Zeisel wurde 1927 in Rechtswissenschaften und 1928 in Nationalökonomie an der Universität Wien promoviert. Er emigrierte 1938 in die USA. An der Universität in Chicago war er nach dem Zweiten Weltkrieg ab 1953 Professor für Recht und Soziologie[123].

V. Brand des Wiener Justizpalastes

Das „Fanal für den Untergang der ohnehin schwachen liberalen Welt“ in Österreich stellte für Mestitz der Brand des Justizpalastes in Wien am 15. Juli 1927 dar[124]. Der Brand bot ihm ein Symbol für die „Machtlosigkeit der Arbeiter“[125].

Im Januar 1927 stießen Anhänger des „Republikanischen Schutzbundes“ und einer „Heimwehr“, die sich aus ehemaligen „Frontkämpfern“ zusammensetzte, in der Gemeinde Schattendorf im Burgenland gewaltsam aufeinander. Die „Frontkämpfer“ töteten Teilnehmer einer Kundgebung des „Republikanischen Schutzbundes“ durch Schüsse. Bei den Toten handelte es sich um einen Kriegsversehrten und ein achtjähriges Kind. Das Schwurgericht in Wien sprach die „Frontkämpfer“ am 14. Juli 1927 frei[126]. Wegen dieses Urteils demonstrierte eine große Anzahl von Menschen am 15. Juli 1927 in der Innen-

---

119 AdsD, NL Mestitz, Mappe 9, Anmerkungen zu meinem Leben, Zweite, ergänzte Fassung, 1988, S. 16.

120 AdsD, NL Mestitz, Mappe 1/2, Brief Mestitz an Borchers, 6. November 1985; AdsD, NL Mestitz, Mappe 1/2, Brief Zeisel an Henrich, 4. Januar 1971; AdsD, NL Mestitz, Mappe 1/2, Brief Zeisel an Rheinstein, 9. Oktober 1970; *Franz Kreuzer*, Gespräch mit Hans Zeisel, in: ders., Die Ohnmacht der Henker, Wien 1986, S. 7–34, hier S. 9.

121 *Kreuzer*, Gespräch mit Hans Zeisel, S. 8.

122 *Kreuzer*, Gespräch mit Hans Zeisel, S. 11.

123 Biographisches Handbuch der deutschsprachigen Emigration nach 1933–1945, hrsg. vom Institut für Zeitgeschichte – Research Foundation for Jewish Immigration, Bd. 2, Teil 2, S. 1275–1276; *Kreuzer*, Gespräch mit Hans Zeisel, S. 11, 13–14, 19.

124 *Rasehorn*, Der Untergang der deutschen linksbürgerlichen Kultur, S. 51.

125 *Rasehorn*, Der Untergang der deutschen linksbürgerlichen Kultur, S. 57.

126 *Ehrlich*, Kleine Geschichte Wiens, S. 139; *Maderthaner*, Von der Zeit um 1860 bis zum Jahr 1945, S. 406.

stadt Wiens. Die Demonstranten stürmten den Justizpalast und setzten Büros des Gebäudes in Flammen[127]. Der Justizpalast galt den Demonstranten als das „Symbol des Unrechts, der Willkür, der Macht" sowie der „Repression" und der „Klassenjustiz"[128]. Unter den Demonstranten befand sich Mestitz, der in die Massendemonstration hineingeriet, als er – wie er es in seinen Lebenserinnerungen niederschrieb – das Zeugnis der judiziellen Staatsprüfung im Justizpalast abzuholen beabsichtigte[129]. Die Demonstranten störten die Löscharbeiten der Feuerwehr[130]. Bewaffnete Polizisten und Angehörige der „Heimwehr" übten physische Gewalt gegenüber den Demonstranten aus. Sie schossen gezielt auf unbewaffnete, wehrlose und fliehende Demonstranten und richteten ein „Massaker" an[131]. Etwa 90 Menschen starben und 1700 Menschen wurden verletzt[132].

---

127 *Ehrlich*, Kleine Geschichte Wiens, S. 139; *Maderthaner*, Von der Zeit um 1860 bis zum Jahr 1945, S. 423.

128 *Maderthaner*, Von der Zeit um 1860 bis zum Jahr 1945, S. 412.

129 AdsD, NL Mestitz, Mappe 9, Anmerkungen zu meinem Leben, Zweite, ergänzte Fassung, 1988, S. 115 Anm. 14.

130 *Ehrlich*, Kleine Geschichte Wiens, S. 139; *Maderthaner*, Von der Zeit um 1860 bis zum Jahr 1945, S. 405, 410, 414.

131 *Maderthaner*, Von der Zeit um 1860 bis zum Jahr 1945, S. 415.

132 *Ehrlich*, Kleine Geschichte Wiens, S. 139; *Maderthaner*, Von der Zeit um 1860 bis zum Jahr 1945, S. 404–405.

D) Frankfurt am Main

I. Umzug nach Frankfurt am Main

Nach seiner Promotion in Wien 1928[1] wollte Mestitz – wie er es ausdrückte – „weiter Arbeitsrecht studieren". Er überlegte, nach Leipzig, wo Jacobi an der Universität tätig war, oder Frankfurt am Main zu gehen. Er entschied sich für Frankfurt am Main[2] und zog 1928 in die Stadt, wo er Mitarbeiter in der im Jahre 1903 errichteten Rechtsanwaltskanzlei Sinzheimers wurde[3]. In diesem Jahr trat auch Hans J. Morgenthau (1904–1980)[4] seinen Dienst in dieser Rechtsanwaltskanzlei an[5]. In Frankfurt am Main startete Mestitz nach eigenen Angaben seinen „Werdegang als Wissenschaftler"[6]. Er wollte sich dem Arbeitsrecht und der Arbeiterbewegung aus wissenschaftlicher Perspektive „nutzbar … machen"[7]. Mestitz stand vor einem Neubeginn, da er sich in das deutsche Recht einarbeiten musste. Eines seiner Ziele war es, sein Wissen in der „Jurisprudenz soziologisch und historisch tiefer zu fundieren". Es ging ihm

---

1 AdsD, NL Mestitz, Mappe 9, Anmerkungen zu meinem Leben, Zweite, ergänzte Fassung, 1988, S. 137; Privatbesitz Jan Taussig, Lebenslauf Franz Mestitz 4. September 1972; *Staudigl-Ciechowicz*, Das Studium der Rechtswissenschaften, S. 153. Die Erlangung des Doktorgrades erfolgte durch die erfolgreiche Ablegung von drei Rigorosen. Das erste Rigorosum bezog sich auf das römische Recht, das Kirchenrecht und das „deutsche Recht". Prüfungsfächer im zweiten Rigorosum waren das Zivilrecht, Handels- und Wechselrecht, der Zivilprozess sowie das Strafrecht und das Strafverfahren. Im dritten Teil des Rigorosums wurden Staatsrecht, Völkerrecht und politische Ökonomie geprüft. Eine schriftliche wissenschaftliche Untersuchung war für die Erlangung des Doktorgrades nicht zu verfassen.

2 Goethe-Universität Frankfurt am Main, Universitätsarchiv, Bestand Abt. 114 Nr. 108, Blatt 52, Curriculum vitae.

3 AdsD, NL Mestitz, Mappe 9, Anmerkungen zu meinem Leben, Zweite, ergänzte Fassung, 1988, S. 137; *Rasehorn*, Der Untergang der deutschen linksbürgerlichen Kultur, S. 17, 70; *Stolleis*, Franz Mestitz, S. 1; *Knorre*, Soziale Selbstbestimmung und individuelle Verantwortung, S. 13.

4 *Christoph Frei*, Hans J. Morgenthau. Eine intellektuelle Biographie (St. Gallener Studien zur Politikwissenschaft, Bd. 15), Bern / Stuttgart / Wien 1993; *Kenneth Thompson / Robert J. Myers*, Truth and Tragedy. A Tributy to Hans J. Morgenthau, New Brunswick / London (Reprint) 1984.

5 *Frei*, Hans J. Morgenthau, S. 39.

6 AdsD, NL Mestitz, Mappe 9, Anmerkungen zu meinem Leben, Zweite, ergänzte Fassung, 1988, S. 138.

7 AdsD, NL Mestitz, Mappe 9, Anmerkungen zu meinem Leben, Zweite, ergänzte Fassung, 1988, S. 58.

https://doi.org/10.1515/9783111388656-004

insoweit um eine stärkere Berücksichtigung der Sozialwissenschaften und Geschichtswissenschaften in seinen Forschungen als bisher[8]. Die finanziellen Mittel für Mestitz' erste Zeit in Frankfurt am Main stellte ihm sein Vater bereit, obwohl sein „Entschluss“ Wissenschaftler zu werden, den „Vorstellungen“ seiner „Eltern von der sicheren und auch ertragreichen Laufbahn eines Juristen ziemlich fern“ lag[9].

Frankfurt am Main bildete neben Berlin während der Weimarer Zeit die „lebendigste Stadt“ in Deutschland[10]. Bezogen auf die Fläche entwickelte sich Frankfurt am Main durch Eingemeindungen unter Ludwig Landmann (1868–1945) von der DDP, der seit Oktober 1924 Oberbürgermeister der Stadt war und der von den Nationalsozialisten 1933 als Jude aus dem Amt gejagt wurde, zur drittgrößten Stadt in Deutschland[11]. Die stärkste Partei in der Frankfurter Stadtverordnetenversammlung stellte in der Weimarer Zeit die SPD dar[12]. Ein „linksliberales Klima“ herrschte in politischer Hinsicht lange Zeit in der Stadt[13]. Mestitz trat zunächst der SPD und nach seinem Austritt aus der SPD 1931 der „Sozialistischen Arbeiterpartei Deutschlands“ (SAPD)[14] bei[15], die Kurt

---

8 AdsD, NL Mestitz, Mappe 9, Anmerkungen zu meinem Leben, Zweite, ergänzte Fassung, 1988, S. 60.

9 AdsD, NL Mestitz, Mappe 9, Anmerkungen zu meinem Leben, Zweite, ergänzte Fassung, 1988, S. 137–138.

10 *Rasehorn*, Der Untergang der deutschen linksbürgerlichen Kultur, S. 59.

11 *Karl Maly*, Das Regiment der Parteien. Geschichte der Frankfurter Stadtverordnetenversammlung, Bd. 2, 1901–1933 (Veröffentlichungen der Frankfurter Historischen Kommission XVIII/2), Frankfurt am Main 1995, S. 373–374; *Dieter Rebentisch*, Ludwig Landmann, in: Frankfurter Personenlexikon (Onlineausgabe), https://frankfurter-personenlexikon.de/node/3021; ders., Ludwig Landmann, in: Neue Deutsche Biographie, Bd. 13, hrsg. von der Historischen Kommission bei der Bayerischen Akademie der Wissenschaften, Berlin 1982, S. 504. Im Jahre 1916 trat Landmann aus der jüdischen Gemeinde aus.

12 *Maly*, Das Regiment der Parteien, S. 680–682; *Rasehorn*, Der Untergang der deutschen linksbürgerlichen Kultur, S. 66. Der SPD-Stadtratsfraktion gehörte zeitweise Sinzheimer an.

13 *Rasehorn*, Der Untergang der deutschen linksbürgerlichen Kultur, S. 67.

14 *Hanno Drechsel*, Die Sozialistische Arbeiterpartei Deutschlands (SAPD). Ein Beitrag zur Geschichte der deutschen Arbeiterbewegung am Ende der Weimarer Republik (Marburger Abhandlungen zur Politischen Wissenschaft, Bd. 2), Meisenheim am Glan 1965; *Grebing*, Jüdische Intellektuelle in der deutschen Arbeiterbewegung zwischen den beiden Weltkriegen, S. 33.

15 AdsD, NL Mestitz, Mappe 9, Anmerkungen zu meinem Leben, Zweite, ergänzte Fassung, 1988, S. 59; *Rasehorn*, Der Untergang der deutschen linksbürgerlichen Kultur, S. 57–58.

Rosenfeld (1877–1943)[16] und Max Seydewitz (1892–1987)[17] gründeten. Die SAPD war eine „kleine Sammelpartei von Linkssozialisten". Sie setzte sich aus früheren Mitgliedern der SPD und KPD zusammen. Pauschal ausgedrückt stand den früheren SPD-Mitgliedern die SPD zu weit „rechts" und den früheren KPD-Mitgliedern die KPD zu weit „links". Das „politische Idol" der SAPD-Mitglieder bildete Paul Levi (1883–1930)[18], der allerdings bereits vor dem Beitritt von Mestitz zur SAPD gestorben war[19]. Levi war seit 1906 Rechtsanwalt in Frankfurt am Main. Er zog in der Weimarer Zeit zunächst für die KPD und später für die SPD in den Reichstag ein[20]. In der SAPD empfand sich Mestitz als „austromarxistischer ‘Zentralist'"[21].

Frankfurt am Main stellte für das „linke Bürgertum" während der Weimarer Zeit einen Anziehungspunkt dar. Dazu trugen die Goethe-Universität, das „Institut für Sozialforschung"[22] unter Max Horkheimer (1895–1973)[23], die „Akademie der Arbeit" und die „Frankfurter Zeitung"[24] bei[25]. Die Gründung der Goethe-Universität, die aus der Frankfurter „Akademie für Sozial- und Handelswissenschaften" hervorging, erfolgte 1914. Es handelte sich bei der Goethe-Universität um die letzte Universität, die noch im „Kaiserreich" errich-

---

16 *Hermann Weber*, Kurt Rosendeld, in: Neue Deutsche Biographie, Bd. 22, hrsg. von der Historischen Kommission bei der Bayerischen Akademie der Wissenschaften, Berlin 2005, S. 66–67.

17 *Mike Schmeitzner*, Max Seydewitz, in: Neue Deutsche Biographie, Bd. 24, hrsg. von der Historischen Kommission bei der Bayerischen Akademie der Wissenschaften, Berlin 2010, S. 290–292.

18 *Hermann Weber*, Paul Levi, in: Neue Deutsche Biographie, Bd. 14, hrsg. von der Historischen Kommission bei der Bayerischen Akademie der Wissenschaften, Berlin 1985, S. 397–398; https://www.bundesstiftung-aufarbeitung.de/de/recherche/kataloge-datenbanken/biographische-datenbanken/paul-levi?ID=4714.

19 *Grebing*, Jüdische Intellektuelle in der deutschen Arbeiterbewegung zwischen den beiden Weltkriegen, S. 33–34.

20 *Weber*, Paul Levi, S. 397–398; https://www.bundesstiftung-aufarbeitung.de/de/recherche/kataloge-datenbanken/biographische-datenbanken/paul-levi?ID=4714.

21 AdsD, NL Mestitz, Mappe 9, Anmerkungen zu meinem Leben, Zweite, ergänzte Fassung, 1988, S. 59.

22 *Paul Kluke*, Die Stiftungsuniversität Frankfurt am Main 1914–1932, Frankfurt am Main 1972, S. 486–513.

23 *Rolf Wiggershaus*, Die Frankfurter Schule. Geschichte – Theoretische Entwicklung – Politische Bedeutung, München 1988, S. 49–146; *Zvi Rosen*, Max Horkheimer, München 1995.

24 *Wolfgang Schivelbusch*, Intellektuellendämmerung. Zur Lage der Frankfurter Intelligenz in den zwanziger Jahren, Frankfurt am Main 1982, S. 42–61.

25 *Rasehorn*, Der Untergang der deutschen linksbürgerlichen Kultur, S. 59, 67.

tet wurde[26]. Die Goethe-Universität galt als „liberal, fortschrittlich und praxisnah“[27]. Das „Institut für Sozialforschung“ nahm sich auf wissenschaftlicher Ebene der Sozialphilosophie und der empirischen Sozialforschung an[28].

Bemühungen von Mestitz zur Erlangung der deutschen Staatsangehörigkeit am Ende der Weimarer Zeit in den Jahren 1931/1932 in Frankfurt am Main scheiterten. Erneut zeigte der tschechoslowakische Staat keine Bereitschaft, Mestitz aus dem „tschechoslowakischen Staatsverband“ zu „entlassen“, was eine Voraussetzung für den Erwerb der deutschen Staatsangehörigkeit bildete[29].

Zu den engsten Freunden von Mestitz in Frankfurt am Main gehörten Carl Mayer (1902–1975)[30] und Peter Drucker (1909–2005)[31] sowie Gustav Weselmann und Hans Kampffmeyer (1912–1996)[32]. Mayer war Religionsphilosoph und nach seiner Emigration 1933 in die USA Professor an der „Graduate Faculty of the New School for Social Research“ in New York von 1934 bis 1967. Seine sozio-

---

26 *Otto Antrick*, Die Akademie der Arbeit in *der* Universität Frankfurt am Main. Idee, Werden, Gestalt, Darmstadt 1966, S. 22; *Ladwig-Winters*, Ernst Fraenkel, S. 45; *Ludyga*, Otto Kahn-Freund, S. 13.

27 *Michael Stolleis*, Geschichte des öffentlichen Rechts in Deutschland. Weimarer Republik und Nationalsozialismus, München 2002, S. 265; *Sascha Ziemann*, Relativismus in Zeiten der Krise: Franz L. Neumanns unveröffentlichte rechtsphilosophische Arbeit von 1923, in: Zeitschrift für internationale Strafrechtsdogmatik 2007, S. 362–370, hier S. 363; *Ludyga*, Otto Kahn-Freund, S. 13.

28 *Ladwig-Winters*, Ernst Fraenkel, S. 46.

29 AdsD, NL Mestitz, Mappe 9, Anmerkungen zu meinem Leben, Zweite, ergänzte Fassung, 1988, S. 41 Anm. 7; Privatbesitz Jan Taussig, Lebenslauf Franz Mestitz 4. September 1972.

30 Sozialwissenschaftliches Archiv Konstanz (Hrsg.), Carl Mayer 1902/1974, Konstanz / New York 1974; *Helmut Wagner*, Carl Mayer, in: Wilhelm Bernsdorf / Horst Knospe (Hrsg.), Internationales Soziologenlexikon, Bd. 2, Beiträge über lebende oder nach 1969 verstorbene Soziologen, Stuttgart 1984, S. 557; AdsD, NL Mestitz, Mappe 9, Anmerkungen zu meinem Leben, Zweite, ergänzte Fassung, 1988, S. 16–17.

31 Biographisches Handbuch der deutschsprachigen Emigration nach 1933–1945, hrsg. vom Institut für Zeitgeschichte – Research Foundation for Jewish Immigration, Bd. 2, Teil 1, S. 228; AdsD, NL Mestitz, Mappe 9, Anmerkungen zu meinem Leben, Zweite, ergänzte Fassung, 1988, S. 16–17.

32 AdsD, NL Mestitz, Mappe 9, Anmerkungen zu meinem Leben, Zweite, ergänzte Fassung, 1988, S. 62; *Thomas Kampffmeyer*, Biografie Hans Kampffmeyer, in: Martin Wentz (Hrsg.), Hans Kampffmeyer. Planungsdezernent in Frankfurt am Main 1956–1972, Frankfurt am Main / New York 2000, S. 223–259; https://www.frankfurt1933-1945.de/index/personen/355/hans-kampffmayer; https://www.bundesarchiv.de/cocoon/barch/0000/z/z1960a/kap1_11/para2_17.html.

logischen Werke waren geprägt von einem historischen Zugang[33]. Von Mayer lernte Mestitz nach eigenen Angaben, „dort zu fragen", wo er „bis dahin mit Fragen aufgehört habe". Auf diese Weise haben sich für ihn „ganz neue Dimensionen des Denkens und Erkennens erschlossen"[34]. Drucker, ein Neffe von Kelsen, wurde 1931 an der Goethe-Universität in Frankfurt am Main promoviert. Er emigrierte 1933 nach Großbritannien und wanderte von dort aus in die USA aus. In den USA wirkte er als Professor für Politik, Philosophie und Soziologie. Er war einer der prominentesten Soziologen in den USA in der zweiten Hälfte des 20. Jahrhunderts[35]. Weselmann war ein Schiffszeichner und Lehrer aus Hamburg, der am Ende der Weimarer Zeit in Frankfurt am Main lebte. Weselmann und Mestitz teilten das gemeinsame Interesse für die Gewerkschaften und die Arbeiterbewegung[36]. Kampffmeyer lebte mit seiner Familie seit 1921 in Wien und ab 1928 – wie Mestitz – in Frankfurt am Main[37]. Er studierte zunächst in Heidelberg und ab 1931 an der Goethe-Universität Rechtswissenschaften und gehörte der „Roten Studentengruppe" sowie dem „Sozialistischen Jugend-Verband Deutschlands" an. Im Jahre 1930 trat er der SPD und später der SAPD bei. Das Erste Juristische Staatsexamen legte er im März 1935 ab. Sein 1932 verstorbener Vater war ein Freund Sinzheimers[38]. Kampffmeyer war von 1956 bis 1972 Bau- und Planungsdezernent in Frankfurt am Main[39].

---

33 *Wagner*, Carl Mayer, S. 557; AdsD, NL Mestitz, Mappe 9, Anmerkungen zu meinem Leben, Zweite, ergänzte Fassung, 1988, S. 16–17.

34 AdsD, NL Mestitz, Mappe 1/2, Brief Mestitz an Grathoff, 12. Juni 1976.

35 AdsD, NL Mestitz, Mappe 9, Anmerkungen zu meinem Leben, Zweite, ergänzte Fassung, 1988, S. 16–17; Biographisches Handbuch der deutschsprachigen Emigration nach 1933–1945, hrsg. vom Institut für Zeitgeschichte – Research Foundation for Jewish Immigration, Bd. 2, Teil 2, München 1999, S. 228.

36 AdsD, NL Mestitz, Mappe 9, Anmerkungen zu meinem Leben, Zweite, ergänzte Fassung, 1988, S. 62.

37 *Kampffmeyer*, Biografie Hans Kampffmeyer, S. 224, 227.

38 AdsD, NL Mestitz, Mappe 9, Anmerkungen zu meinem Leben, Zweite, ergänzte Fassung, 1988, S. 62; *Kampffmeyer*, Biografie Hans Kampffmeyer, S. 227–229; https://www.frankfurt1933-1945.de/index/personen/355/hans-kampffmayer; https://www.bundesarchiv.de/cocoon/barch/0000/z/z1960a/kap1_11/para2_17.html.

39 AdsD, NL Mestitz, Mappe 9, Anmerkungen zu meinem Leben, Zweite, ergänzte Fassung, 1988, S. 62; *Kampffmeyer*, Biografie Hans Kampffmeyer, S. 240–250; https://www.frankfurt1933-1945.de/index/personen/355/hans-kampffmayer; https://www.bundesarchiv.de/cocoon/barch/0000/z/z1960a/kap1_11/para2_17.html.

II. Mitarbeiter und Schüler von Hugo Sinzheimer

Mestitz arbeitete fünf Jahre lang in der Rechtsanwaltskanzlei von Sinzheimer[40], der neben seiner Rechtsanwaltstätigkeit seit dem Wintersemester 1919/1920 Honorarprofessor für Arbeitsrecht an der Goethe-Universität war[41]. Eine ordentliche Professur oder ein „Institut für Arbeitsrecht" existierte zu dieser Zeit an der Rechtswissenschaftlichen Fakultät der Goethe-Universität nicht[42]. Ein eigenes Zimmer an der Universität besaß Sinzheimer nicht[43]. Heindl aus Wien gab Mestitz bei seinem Umzug nach Frankfurt am Main ein Empfehlungsschreiben für Sinzheimer mit. Heindl und Sinzheimer pflegten Kontakt, da Heindl Redakteur der von der „Wiener Kammer für Arbeiter und Angestellte" ins Leben gerufenen „Zeitschrift für soziales Recht"[44] war, die Sinzheimer mit herausgab[45]. In Frankfurt am Main lernte Mestitz über Sinzheimer den österreichischen Sozialdemokraten und Juristen Karl Renner (1870–1950)[46] kennen[47], der zwischen 1945 und 1950 Bundespräsident in Österreich war[48].

Eine anwaltliche Tätigkeit übernahm Mestitz trotz der Arbeit in der Rechtsanwaltskanzlei von Sinzheimer nicht, da ihm – so seine Worte – die „Eignung zum

---

40 AdsD, NL Mestitz, Mappe 9, Anmerkungen zu meinem Leben, Zweite, ergänzte Fassung, 1988, S. 163–164; *Rasehorn*, Der Untergang der deutschen linksbürgerlichen Kultur, S. 17, 70; *Stolleis*, Franz Mestitz, S. 1.

41 *Kempen*, Hugo Sinzheimer, S. 81; *Kluke*, Die Stiftungsuniversität Frankfurt am Main 1914–1932, S. 444.

42 AdsD, NL Mestitz, Mappe 9, Anmerkungen zu meinem Leben, Zweite, ergänzte Fassung, 1988, S. 163; *Knorre*, Soziale Selbstbestimmung und individuelle Verantwortung, S. 14; *Weiss*, Arbeitsrechtswissenschaft auf den Spuren Hugo Sinzheimers, S. 577.

43 AdsD, NL Mestitz, Mappe 1/2, Brief Mestitz an Hammerstein, 20. November 1987.

44 Zeitschrift für soziales Recht, hrsg. von der Kammer für Arbeiter und Angestellte Wien, 1928–1934. Die Zeitschrift befindet sich vollständig mit allen Bänden in der Universitätsbibliothek Passau.

45 AdsD, NL Mestitz, Mappe 9, Anmerkungen zu meinem Leben, Zweite, ergänzte Fassung, 1988, S. 137, 162; Privatbesitz Jan Taussig, Abschrift Gutachten von Sinzheimer über Mestitz, 25. November 1929; *Kocher*, Die historische „Zeitschrift für soziales Recht", S. 53; *Achim Seifert*, „Von der Person zum Menschen im Recht" – zum Begriff des sozialen Rechts bei Hugo Sinzheimer, in: Soziales Recht 1 (2011), S. 62–73, hier S. 63.

46 *Erika Weinzierl*, Karl Renner, in Neue Deutsche Biographie, Bd. 21, hrsg. von der Historischen Kommission bei der Bayerischen Akademie der Wissenschaften, Berlin 2003, S. 430–432; *Walter Goldinger*, Karl Renner, in: Österreichisches Biographisches Lexikon, Bd. 9, hrsg. von der Österreichischen Akademie der Wissenschaften, Wien 1988, S. 80–81.

47 AdsD, NL Mestitz, Mappe 9, Anmerkungen zu meinem Leben, Zweite, ergänzte Fassung, 1988, S. 114 Anm. 10.

48 *Weinzierl*, Karl Renner, S. 430–432; *Goldinger*, Karl Renner, S. 80–81.

forensisch-kämpferischen" fehlte[49]. Als Honorarprofessor besaß Sinzheimer keinen wissenschaftlichen Assistenten an der Universität. Die Stellung eines wissenschaftlichen Assistenten füllte „de facto" Mestitz in der Rechtsanwaltskanzlei aus, indem er Seminare vorbereitete und sich um die Bibliothek Sinzheimers kümmerte[50]. Mestitz gehörte zu einem Kreis junger Menschen, die akademische Schüler von Sinzheimer waren[51]. Zu diesem Kreis zählten neben Mestitz Ernst Fraenkel (1891–1971)[52], Otto Kahn-Freund (1900–1979)[53], Hans J. Morgenthau, Franz Neumann (1900–1954)[54] und Otto Kirchheimer (1905–1965)[55/56]. Die Angehörigen dieses Kreises haben die „Weimarer Rechtskultur maßgebend" befruchtet[57]. Sinzheimer veranstaltete Privatissima in seiner Wohnung für seine Schüler. Eine Teilnehmerin einer solcher Zusammenkunft war Maria Meyer-Sevenich (1907–1970), die nach 1945 zunächst der CDU, daraufhin der SPD und schließlich wieder der CDU angehörte. In den 1960er-Jahren war sie in Niedersachsen Ministerin für Bundesangelegenheiten, Vertriebene und Flüchtlinge[58]. Am Ende der Weimarer Zeit gehörte sie – so Mestitz – der „äußersten Linken" an[59].

---

49 AdsD, NL Mestitz, Mappe 3, Brief Mestitz an Ramm, 17. Mai 1980.

50 AdsD, NL Mestitz, Mappe 3, Brief Mestitz an Rasehorn, 23. Oktober 1984; AdsD, NL Mestitz, Mappe 1/2, Brief Mestitz an Hammerstein, 20. November 1987.

51 *Ludyga*, Otto Kahn-Freund, S. 17; *Rasehorn*, Der Untergang der deutschen linksbürgerlichen Kultur, S. 17.

52 *Ladwig-Winters*, Ernst Fraenkel.

53 *Ludyga*, Otto Kahn-Freund, S. 17–21.

54 *Joachim Rückert*, Franz Leopold Neumann, in: Neue Deutsche Biographie, Bd. 19, hrsg. von der Historischen Kommission bei der Bayerischen Akademie der Wissenschaften, Berlin 1998, S. 145–147; *Rainer Erd* (Hrsg.), Reform und Resignation. Gespräche über Franz L. Neumann, Frankfurt am Main 1985.

55 *Samuel Salzborn*, Otto Kirchheimer, in: Rüdiger Voigt / Ulrich Weiß (Hrsg.), Handbuch Staatsdenker, Stuttgart 2010, S. 210–211.

56 AdsD, NL Mestitz, Mappe 9, Anmerkungen zu meinem Leben, Zweite, ergänzte Fassung, 1988, S. 163; *Ladwig-Winters*, Ernst Fraenkel, S. 51; *Stolleis*, Franz Mestitz, S. 1.

57 *Grebing*, Jüdische Intellektuelle in der deutschen Arbeiterbewegung zwischen den beiden Weltkriegen, S. 31–32; *Ludyga*, Otto Kahn-Freund, S. 17; *Rasehorn*, Der Untergang der deutschen linksbürgerlichen Kultur, S. 17.

58 *Jochen Lengemann*, Das Hessen-Parlament 1946–1986. Biographisches Handbuch des Beratenden Landesausschusses, der Verfassungsberatenden Landesversammlung und des Hessischen Landtags, hrsg. vom Präsidenten des Hessischen Landtags, Frankfurt am Main 1986, S. 391–392; o. V., Meyer-Sevenich, Maria, in: Hessische Biografie <https://www.lagis-hessen.de/pnd/128776196.

59 AdsD, NL Mestitz, Mappe 9, Anmerkungen zu meinem Leben, Zweite, ergänzte Fassung, 1988, S. 177 Anm. 5.

Eine Prägung erhielten die Schüler von Sinzheimer durch die sozialdemokratische Arbeiterbewegung[60]. Sie kämpften für demokratische Werte, Menschenrechte und soziale Gerechtigkeit. Politische und soziale Ungleichheiten beabsichtigten sie zu beseitigen[61]. Die Schüler Sinzheimers stellten eine „arbeitsrechtliche Avantgarde" dar, die internationale Anerkennung erlangte[62]. Ein Eintreten für eine „gerechtere Gesellschaft" verband sie. Die „Erfahrungen von Rechtslosigkeit und Diskriminierung" kannten die Schüler Sinzheimers aus der Geschichte der eigenen Familien[63]. Im Jahre 1933 wurden sie alle zu Verfolgten[64].

Sinzheimer vermittelte seinen Schülern, dass das „Arbeitsrecht ein gesellschaftliches Phänomen" ist, „das in Entstehung, Inhalt und Entwicklung in besonderer Weise Ausdruck des Gegen- und Miteinanders in ihren Interessen antagonistischer kollektiver Gesellschaftskräfte ist, seinerseits aber in die Gesellschaft hineinwirkt und das daher sinnvoll nur von da aus erfasst und angewendet werden kann"[65]. Das Arbeitsrecht in der Weimarer Zeit bezog sich auf das „Fordistische Modell", wonach die Arbeitnehmer in einer Fabrik „zur Erstellung eines industriellen Produkts zusammen wirkten". Der „Prototyp" in der Arbeitswelt war der „männliche, in einem unbefristeten Vollzeitarbeitsverhältnis befindliche Arbeitnehmer"[66].

Sinzheimer rückte das Arbeitsrecht und die Rechtssoziologie „stärker ins Blickfeld" der Rechtswissenschaften als bisher[67]. Bei seinen rechtssoziologischen

60 *Otto Kahn-Freund*, Autobiographische Erinnerungen an die Weimarer Republik, in: Kritische Justiz 14 (1981), S. 183–200, hier S. 183.

61 *Ladwig-Winters*, Ernst Fraenkel, S. 48; *Ludyga*, Otto Kahn-Freund, S. 18; *Michael Wildt*, Die Angst vor dem Volk. Ernst Fraenkel in der deutschen Nachkriegsgesellschaft, in: Monika Boll / Raphael Gross (Hrsg.), „Ich staune, dass Sie in dieser Luft atmen können." Jüdische Intellektuelle in Deutschland nach 1945, Frankfurt am Main 2013, S. 317–344, hier S. 319.

62 *Franz Josef Düwell*, Das Erbe von Weimar. Unser Arbeitsrecht und seine Gerichtsbarkeit, in: Recht der Arbeit 63 (2010), S. 129–135, hier S. 129; *Ludyga*, Otto Kahn-Freund, S. 18.

63 *Ladwig-Winters*, Ernst Fraenkel, S. 51.

64 Dazu allgemein: *Grebing*, Jüdische Intellektuelle in der deutschen Arbeiterbewegung zwischen den beiden Weltkriegen, S. 37.

65 AdsD, NL Mestitz, Mappe 9, Anmerkungen zu meinem Leben, Zweite, ergänzte Fassung, 1988, S. 135, 166; *Rasehorn*, Der Untergang der deutschen linksbürgerlichen Kultur, S. 62.

66 *Weiss*, Arbeitsrechtswissenschaft auf den Spuren Hugo Sinzheimers, S. 586.

67 *Ladwig-Winters*, Ernst Fraenkel, S. 50.

Forschungen knüpfte Sinzheimer an den Rechtssoziologen Eugen Ehrlich (1862–1922)[68] an[69]. Mestitz äußerte sich über Sinzheimer stets mit größter Wertschätzung. Er rühmte sein Eintreten für soziale Gerechtigkeit, verbunden mit „sozialreformatorischem Realismus"[70]. Entscheidend war nach Mestitz in Anlehnung an Sinzheimer, die rechtsdogmatische Methode „durch eine soziologische Analyse zu ergänzen"[71]. Sinzheimer und Mestitz setzten sich von den „streng dogmatisch-juristischen Methodenansätzen", die die Arbeitsrechtswissenschaft ansonsten in weiten Teilen prägte, ab[72]. Sinzheimer gab dem Denken von Mestitz insoweit eine „bestimmende Richtung"[73]. Er würdigte Mestitz in einem Gutachten mit folgenden Worten:

> „Die wissenschaftliche Befähigung des Herrn Dr. Mestitz steht ausser Zweifel. Er verfügt über hervorragende Kenntnisse aus dem Gebiete des deutschen und österreichischen Arbeitsrechts. Dasselbe gilt für seine allgemeinen Rechtskenntnisse (bürgerliches Recht, öffentliches Recht usw.). Er beherrscht auch fremde Sprachen (französisch, englisch und russisch), so dass er sich ohne weiteres auch in das ausländische Recht einarbeiten kann. Durch eine umfassende Bildung auch auf anderen Gebieten, insbesondere auf dem Gebiet der Sozialwissenschaft, ist er in der Lage, das Recht und seine Entwicklung auch innerlich zu verstehen und im Zusammenhang mit der allgemeinen Entwicklung auf wirtschaftlichen und geistigen Gebiet zu begreifen. Sein Fleiss und seine Gewissenhaftigkeit sind besonders zu rühmen. Herr Dr. Mestitz ist in hohem Masse sozial gesinnt und interessiert sich für alles Menschliche. Er ist bescheiden, anspruchslos und ohne persönliches Geltungsbedürfniss."[74]

Bei Sinzheimer und dem Staats- und Verwaltungsrechter Friedrich Giese (1882–1958), der zur „Gründergeneration" unter den Professoren an der Goethe-Universität gehörte[75], beabsichtigte Mestitz an der Goethe-Universität

---

68 *Erich Döhring*, Eugen Ehrlich, in: Neue Deutsche Biographie, Bd. 4, hrsg. von der Historischen Kommission bei der Bayerischen Akademie der Wissenschaften, Berlin 1959, S. 362.

69 *Seifert*, „Von der Person zum Menschen im Recht", S. 67.

70 *Rasehorn*, Der Untergang der deutschen linksbürgerlichen Kultur, S. 64–65.

71 AdsD, NL Mestitz, Mappe 9, Anmerkungen zu meinem Leben, Zweite, ergänzte Fassung, 1988, S. 161; *Seifert*, „Von der Person zum Menschen im Recht", S. 67.

72 *Ulrich Zachert*, Hugo Sinzheimer: praktischer Wissenschaftler und Pionier des modernen Arbeitsrechts, in: Recht der Arbeit 54 (2001), S. 104–109, hier S. 107.

73 AdsD, NL Mestitz, Mappe 9, Anmerkungen zu meinem Leben, Zweite, ergänzte Fassung, 1988, S. 134.

74 Privatbesitz Jan Taussig, Abschrift Gutachten von Sinzheimer über Mestitz, 25. November 1929.

75 *Michael Stolleis*, Friedrich Giese (1882–1958), in: Bernhard Dieselkamp / Michael Stolleis (Hrsg.), Juristen an der Universität Frankfurt am Main, Baden-Baden 1989, S. 117–127, hier S. 117; *Werner Mallmann*, Friedrich Giese, in: Neue Deutsche Bio-

mit einer Untersuchung über den „Begriff des Sozialen“ bei Otto von Gierke (1841–1921)[76] zu habilitieren[77]. Das Forschungsvorhaben bezog sich in Anknüpfung an Ideen Sinzheimers auf die „Konzeption“ eines „sozialen Rechts“[78]. Die ins Auge gefasste Betreuung der Habilitation durch Sinzheimer und den Öffentlichrechtler Giese zeigte, dass das Forschungsvorhaben von Mestitz an der Schnittstelle von Privatrecht und öffentlichen Recht angesiedelt war[79]. Durch die Machtübernahme der Nationalsozialisten scheiterte dieses Projekt von Mestitz, und seine „Berufserwartungen“ erfüllten sich nicht[80].

Für die geplante dritte Auflage der „Grundzüge des Arbeitsrechts“ von Sinzheimer arbeitete Mestitz die gesamte aktuelle Rechtsprechung ein. Er gab Sinzheimer kurz vor der Emigration das überarbeitete Werk. Zu einem Erscheinen einer dritten Auflage dieses Buches kam es jedoch nicht mehr[81].

Mestitz stellte am Ende seiner Tätigkeit bei Sinzheimer eine Publikation über den „Reichswirtschaftsrat“ fertig[82], dessen Errichtung Artikel 165 Absatz 3 der „Weimarer Reichsverfassung“ bestimmte. Artikel 165 Absatz 4 der „Weimarer Reichsverfassung“ normierte, dass die Reichsregierung dem „Reichswirtschaftsrat“ „sozialpolitische und wirtschaftspolitische Gesetzentwürfe von grundlegender Bedeutung“ zur „Begutachtung“ vorlegen musste. Der „Reichswirtschaftsrat“ besaß das Recht, „Gesetzesvorlagen zu beantragen“. Er setzte sich aus Arbeitnehmern, Unternehmern und „sonst beteiligten Volkskreisen“ zusammen[83].

---

graphie, Bd. 6, hrsg. von der Historischen Kommission bei der Bayerischen Akademie der Wissenschaften, Berlin 1964, S. 377–378.

76 *Karl Siegfried Bader*, Otto von Gierke, in: Neue Deutsche Biographie, Bd. 6, hrsg. von der Historischen Kommission bei der Bayerischen Akademie der Wissenschaften, Berlin 1964, S. 374–375.

77 AdsD, NL Mestitz, Mappe 1/2, Brief Mestitz an die Deutsche Forschungsgemeinschaft, 18. Dezember 1972; AdsD, NL Mestitz 1/2, Brief Mestitz an Pusback, 23. Dezember 1987; Goethe-Universität Frankfurt am Main, Universitätsarchiv, Bestand Abt. 114 Nr. 108, Blatt 52, Curriculum vitae; Stolleis, Franz Mestitz, S. 1.

78 Allgemein und zum „sozialen Recht“: *Seifert*, „Von der Person zum Menschen im Recht“, S. 62; *Weiss*, Arbeitsrechtswissenschaft auf den Spuren Hugo Sinzheimers, S. 578.

79 Dazu in Hinblick auf das „soziale Recht“ allgemein: *Seifert*, „Von der Person zum Menschen im Recht“, S. 70–71.

80 AdsD, NL Mestitz, Mappe 9, Anmerkungen zu meinem Leben, Zweite, ergänzte Fassung, 1988, S. 63.

81 AdsD, NL Mestitz, Mappe 9, Anmerkungen zu meinem Leben, Zweite, ergänzte Fassung, 1988, S. 164; AdsD NL Mestitz, Mappe 3, Brief Mestitz an Rasehorn, 23. Oktober 1984.

82 *Franz Mestitz*, Der neue deutsche Reichswirtschaftsrat – Tendenzen im neuen deutschen Arbeitsrecht, in: Zeitschrift für soziales Recht 5 (1932/1933), S. 195–206.

83 Artikel 165, Die Verfassung des Deutschen Reichs, 11. August 1919, Reichs = Gesetzblatt 1919, S. 1415; *Mestitz*, Der neue deutsche Reichswirtschaftsrat, S. 195, 197.

Mestitz bezeichnete den „Reichswirtschaftsrat“ als ein „Diskussionsforum“, „auf dem wertvolle und wichtige Arbeit geleistet wurde“[84].

Das akademische Leben in der Weimarer Zeit „wies antisemitische Züge auf“[85]. Massiven antisemitischen Angriffen war Sinzheimer ausgesetzt. Rechtsradikale Studenten protestierten an der Goethe-Universität dagegen, dass der „Jude“ Sinzheimer Vorlesungen hielt. Sinzheimer musste vor physischer Gewalt gegen ihn in Schutz genommen werden[86]. Der Antisemitismus – so Mestitz – wurde in Frankfurt am Main „immer aggressiver und lautstärker“[87]. Er entwickelte sich in Frankfurt am Main und ganz Deutschland zu einer ernsthaften Bedrohung. Spätestens seit 1929 erreichte der rassistische und radikale Antisemitismus in Deutschland eine Dimension, die nicht zu übersehen war[88].

III. Dozent an der „Akademie der Arbeit“

Sinzheimer initiierte gemeinsam mit Theodor Thomas (1876–1955) vom Dachdeckerverband, der Vorsitzender der SPD-Fraktion in der Stadtverordnetenversammlung in Frankfurt am Main war[89], die Gründung der „Akademie der Arbeit“ im Jahre 1921[90]. Träger der „Akademie der Arbeit“ waren aufgrund eines Vertrages vom 3. März 1921 der Preußische Staat, der Allgemeine Deutsche Gewerkschaftsbund, der Allgemeine freigewerkschaftliche Angestelltenbund, der Deutsche Gewerkschaftsbund, der Gewerkschaftsring der Arbeiter-, Angestellten- und Beamtenverbände sowie der

---

84 *Mestitz*, Der neue deutsche Reichswirtschaftsrat, S. 199.

85 *Moshe Zimmermann*, Die deutschen Juden 1914–1945 (Enzyklopädie deutscher Geschichte, Bd. 43), München 1997, S. 41; *Ludyga*, Otto Kahn-Freund, S. 13.

86 *Kempen*, Hugo Sinzheimer, S. 83–84; *Ernst Fraenkel*, Hugo Sinzheimer, in: Juristenzeitung 13 (1958), S. 457–461, hier S. 457.

87 AdsD, NL Mestitz, Mappe 9, Anmerkungen zu meinem Leben, Zweite, ergänzte Fassung, 1988, S. 16.

88 *Avraham Barkai*, Politische Orientierungen und Krisenbewusstsein, in: Avraham Barkai / Paul Mendes-Flohr, Deutsch-jüdische Geschichte in der Neuzeit, Bd. 4, Aufbruch und Zerstörung 1918–1945, München 1997, S. 102–124, hier S. 105–106, 109.

89 *Antrick*, Die Akademie der Arbeit in der Universität Frankfurt am Main, S. 22; *Gustav Dahnke*, Theodor Thomas, in: Ludwig Heyde (Hrsg.), Internationales Handbuch des Gewerkschaftswesens, Bd. 2, Berlin 1932, S. 1688; *Kempen*, Hugo Sinzheimer, S. 89.

90 AdsD, NL Mestitz, Mappe 9, Anmerkungen zu meinem Leben, Zweite, ergänzte Fassung, 1988, S. 167.

Deutsche Beamtenbund[91]. Aufgabe der Akademie bildete nach dem Vertrag die „hochschulmäßige Ausbildung nicht akademisch vorgebildeter Personen aus den Kreisen" der „Arbeiter, Angestellten und Beamten zur Wahrnehmung ihrer Tätigkeit in der wirtschaftlichen, sozialen und politischen Selbstverwaltung"[92]. Der erste Jahrgang an der Akademie 1921/1922 umfasste 72 Hörer, die in Volkswirtschaft, Recht im Allgemeinen, Arbeitsrecht, Geschichte, Soziologie und Politik unterrichtet wurden[93]. Der Unterricht an der Akademie wurde in Trimestern abgehalten[94]. Der Rechtshistoriker und Arbeitsrechtler Eugen Rosenstock-Hussey (1888–1973)[95] war der erste Leiter der „Akademie der Arbeit"[96].

Mestitz war zwischen 1930 und 1932 „hauptamtlicher Dozent" an der „Akademie der Arbeit" und unterrichtete dort zwölf bis 14 Stunden in der Woche. Seine Antrittsvorlesung widmete er dem österreichischen Betriebsräterecht[97]. Im Mittelpunkt des Rechtsunterrichts an der „Akademie der Arbeit" standen das Arbeitsvertragsrecht, das Tarifvertragsrecht, das Koalitionsrecht, das Betriebsverfassungsrecht, das Arbeitsprozessrecht und das Schlichtungswesen[98]. Mestitz bezeichnete die „Akademie der Arbeit" als eine der „wichtigsten und interessantesten Institutionen der Arbeiterbildung" in der Weimarer Zeit[99] und nannte seine Jahre an der Akademie „voll befriedigend"[100]. Er ging davon aus,

---

91 *Antrick*, Die Akademie der Arbeit in der Universität Frankfurt am Main., S. 28; *Norbert Reichling*, Akademische Arbeiterbildung in der Weimarer Republik (Reihe Arbeiterkultur, Bd. 10), Münster 1983, S. 154.

92 *Antrick*, Die Akademie der Arbeit in der Universität Frankfurt am Main, S. 28.

93 *Antrick*, Die Akademie der Arbeit in der Universität Frankfurt am Main, S. 30.

94 *Ludyga*, Otto Kahn-Freund, S. 22.

95 *Hans-Christof Kraus*, Eugen Rosenstock-Hussey, in: Neue Deutsche Biografie, Bd. 22, hrsg. von der Historischen Kommission bei der Bayerischen Akademie der Wissenschaften, Berlin 2005, S. 75–76.

96 *Antrick*, Die Akademie der Arbeit in der Universität Frankfurt am Main, S. 31; *Kluke*, Die Stiftungsuniversität Frankfurt am Main 1914–1932, S. 405.

97 AdsD, NL Mestitz, Mappe 9, Anmerkungen zu meinem Leben, Zweite, ergänzte Fassung, 1988, S. 140, 168; AdsD NL Mestitz, Mappe 3, Brief Mestitz an Rasehorn, 25. Mai 1987; AdsD, NL Mestitz, Mappe 1/2, Brief Mestitz an Ostermann, 3. Juni 1991; Frankfurter Adressbuch, Teil IV Behörden, 1932, S. 39; Frankfurter Adressbuch, Teil IV Behörden, 1931, S 42; *Rasehorn*, Der Untergang der deutschen linksbürgerlichen Kultur, S. 17; *Reichling*, Akademische Arbeiterbildung in der Weimarer Republik, S. 167; *Stolleis*, Franz Mestitz, S. 1.

98 *Reichling*, Akademische Arbeiterbildung in der Weimarer Republik S. 171.

99 AdsD, NL Mestitz, Mappe 9, Anmerkungen zu meinem Leben, Zweite, ergänzte Fassung, 1988, S. 167.

100 AdsD, NL Mestitz, Mappe 9, Anmerkungen zu meinem Leben, Zweite, ergänzte Fassung, 1988, S. 58.

dass die „Aufgabe der Akademie ... eine erzieherische ist“ in Hinblick auf die Probleme des „sozialen Lebens“ und die Akademie der „Wissensübermittlung“ auf dem Gebiet der Rechtswissenschaft sowie der „Bildung“ in diesem Bereich diente[101]. Den Hörern an der „Akademie der Arbeit“ sollte – so Mestitz – das „juristische Denken in seiner Eigenart näher“ gebracht werden[102]. Inhalt und Ziele des „juristischen Denkens“ konkretisierte er folgendermaßen:

> „Das juristische Denken verfolgt bei der Behandlung eines konkreten Falles in strenger, oft notwendig formalistischer Konsequenz ein festes Ziel, die Erlangung der Möglichkeit, diesen Fall zu entscheiden. Zu diesem Ziel steigt es gleichsam in Stufen auf: von der Stufe der Tatbestandsfeststellung über die der Einordnung in das System juristischer Grundbegriffe und über die Stufe der Projizierung der Norm auf den so behandelten Tatbestand zur letzten Stufe, eben der Entscheidung.“[103]

Während seiner Zeit als Dozent an der „Akademie der Arbeit“, an der sein Freund Carl Mayer Soziologie und Volkswirtschaft unterrichtete[104], publizierte Mestitz, der die Bedeutung der Rechtsvergleichung für die Arbeitsrechtswissenschaft betonte[105], in der „Zeitschrift für soziales Recht“[106]. Er schrieb in dieser Zeitschrift in Anknüpfung an bestehende Diskussionen in Deutschland über die „Rechtsnatur der Allgemeinverbindlichkeit (A.V.E.) von Tarifverträgen in Österreich[107]. Als Dozent setzte sich Mestitz kritisch mit dem Arbeits- und Sozialrecht in der Zeit, als Heinrich Brüning (1885–1970)[108] Reichskanzler war, auseinander[109]. Auf dem Gebiet des Arbeits- und Sozialrechts herrschte in den letzten Jahren der „Weimarer Republik“ ein „Krisenmanagement ohne Parla-

---

101 *Franz Mestitz*, Zur Gestaltung des arbeitsrechtlichen Unterrichts, in: Ernst Michel (Hrsg), Die Akademie der Arbeit in der Universität Frankfurt am Main 1921–1931, Frankfurt am Main 1931, S. 79–85, hier S. 79–80.

102 *Mestitz*, Zur Gestaltung des arbeitsrechtlichen Unterrichts, S. 83.

103 *Mestitz*, Zur Gestaltung des arbeitsrechtlichen Unterrichts, S. 84.

104 *Reichling*, Akademische Arbeiterbildung in der Weimarer Republik, S. 167.

105 *Franz Mestitz*, Neues französisches Arbeitsrecht. Gleichzeitig ein Beitrag zur Vergleichung der Theorien des deutschen und des französischen Arbeitsrechts, in: Zeitschrift für vergleichende Rechtswissenschaft 48 (1934), S. 104–150.

106 Zu dieser Zeitschrift allgemein: *Kocher*, Die historische „Zeitschrift für soziales Recht“, S. 53–63.

107 *Franz Mestitz*, Zur Frage der Rechtsnatur der Satzung (§§ 16 f. E.A.G.), in: Zeitschrift für soziales Recht 2 (1929/30), S. 34–40.

108 *Peer Oliver Volkmann*, Heinrich Brüning (1885–1970). Nationalist ohne Heimat. Eine Teilbiographie (Forschungen und Quellen zur Zeitgeschichte, Bd. 52), Düsseldorf 2007.

109 AdsD, NL Mestitz, Mappe 9, Anmerkungen zu meinem Leben, Zweite, ergänzte Fassung, 1988, S. 59.

ment". Der Reichspräsident Paul von Hindenburg (1847–1934)[110] versuchte mithilfe von auf Artikel 48 der „Weimarer Reichsverfassung"[111] gestützten „Notverordnungen", die „wirtschafts- und sozialpolitischen Probleme zu meistern"[112].

Für ein von Giese herausgegebenes „Lehr- und Handbuch zur hochschulmäßigen Fortbildung der deutschen Beamten" verfasste Mestitz im Jahre 1930 Kapitel über das „Betriebsräte- und Koalitionsrecht"[113] sowie das „Schlichtungswesen"[114]. Der Beitrag über das Betriebsräterecht befasste sich mit dem „Betriebsrätegesetz" vom 4. Februar 1920[115], dass die Errichtung von Betriebsvertretungen sowie „Mitwirkungs- und Mitbestimmungsrechte innerhalb der Betriebsverfassung" normierte[116]. Einen bedeutenden zeitgenössischen Kommentar zum „Betriebsrätegesetz" schrieben gemeinsam Kahn-Freund und Georg Flatow (1889–1944)[117] Mestitz stellte hinsichtlich des „Betriebsrätegesetzes" kritisch fest:

> „Das BRG. beseitigt nicht den letzten Bestimmungsgrund der absoluten Macht des Ag., sein Eigentum an den Produktionsmitteln, sondern schränkt ihn nur in der Ausübung dieser Macht ein durch ein gewisses Mitwirkungs- und Mitberatungsrecht der Belegschaft."[118]

Der Betriebsrat besaß nach Mestitz sozialpolitische und wirtschaftspolitische Aufgaben. Zu den sozialpolitischen Aufgaben gehörten nach seiner Ansicht Bemühungen zur „Erhaltung des Arbeitsfriedens", der „Abschluß von Betriebsvereinbarungen", die „Anrufung des Schlichtungsausschusses", die „Verwaltung

110 *Werner Conze*, Paul von Hindenburg, in: Neue Deutsche Biographie, Bd. 9, hrsg. von der Historischen Kommission bei der Bayerischen Akademie der Wissenschaften, Berlin 1972, S. 178–182.

111 Artikel 48, Die Verfassung des Deutschen Reichs, 11. August 1919, Reichs = Gesetzblatt 1919, S. 1392–1393.

112 *Michael Stolleis*, Geschichte des Sozialrechts in Deutschland. Ein Grundriss, Stuttgart 2003, S. 175.

113 *Franz Mestitz*, Betriebsräte- und Koalitionsrecht, in: Friedrich Giese (Hrsg.), Die Beamten-Hochschule. Lehr- und Handbuch zur hochschulmäßigen Fortbildung der deutschen Beamten, Berlin / Wien 1930, S. 1189–1228.

114 *Franz Mestitz*, Schlichtungsrecht, in: Friedrich Giese (Hrsg.), Die Beamten-Hochschule. Lehr- und Handbuch zur hochschulmäßigen Fortbildung der deutschen Beamten, Berlin / Wien 1930, S. 1229–1240.

115 Betriebsrätegesetz, 4.2.1920, Reichs-Gesetzblatt 1920, S. 147–174.

116 *Ludyga*, Otto Kahn-Freund, S. 30.

117 *Otto Kahn-Freund / Georg Flatow*, Betriebsrätegesetz vom 4. Februar 1920, Berlin 13. Auflage 1931; *Ludyga*, Otto Kahn-Freund, S. 30; *Dieter G. Maier / Jürgen Nürnberger*, Georg und Hedwig Flatow. Für Arbeitnehmerrechte und soziale Fürsorge (Jüdische Miniaturen, Bd. 252), Leipzig 2020.

118 *Mestitz*, Betriebsräte- und Koalitionsrecht, S. 1192.

der Wohlfahrtseinrichtungen“ sowie ein Mitwirkungsrecht bei „Masseneinstellungen und Massenentlassungen“. Wirtschaftspolitische Aufgaben sah Mestitz in beratenden und kontrollierenden Tätigkeiten des Betriebsrats gegenüber dem Arbeitgeber[119]. Im Mittelpunkt des Aufsatzes von Mestitz über das Koalitionsrecht stand neben Ausführungen über die „Freiheit zur Koalition“[120] das „Arbeitskampfrecht“[121].

Im Jahre 1932 wurde Mestitz als Dozent an der „Akademie der Arbeit“ entlassen[122]. Die Ursachen für die Entlassung ließen sich nicht aufklären. Ein Grund lag möglicherweise in der Mitgliedschaft von Mestitz in der SAPD[123]. Die Nationalsozialisten schlossen die „Akademie der Arbeit“ am 31. März 1933 mit Gewalt und versahen die Räume mit Siegeln[124]. Im Arbeitsrecht galt nach der Machtübernahme der Nationalsozialisten das „Führerprinzip“[125].

IV. Machtübernahme der Nationalsozialisten

Die Machtübernahme der Nationalsozialisten am 30. Januar 1933 bedeutete für Mestitz einen „Bruch“[126] in seinem Leben und erschütterte ihn[127]. Für die „Emanzipation der Juden“ bildete die nationalsozialistische Machtübernahme – so der Historiker Moshe Zimmermann – „die Verwirklichung des negativsten Szenarios, das man sich vorstellen konnte“[128]. Am 7. Februar 1933 tagte letztmals die frei gewählte Stadtverordnetenversammlung in Frankfurt am Main vor ihrer „Auflösung“ durch die Nationalsozialisten. Die Nationalsozialisten erhielten bei den Reichstagswahlen in Frankfurt am Main am 5. März 1933

119 *Mestitz*, Betriebsräte- und Koalitionsrecht, S. 1202–1203.

120 *Mestitz*, Betriebsräte- und Koalitionsrecht, S. 1214–1219.

121 *Mestitz*, Betriebsräte- und Koalitionsrecht, S. 1222–1228.

122 *Christine Wittrock*, Die „Akademie der Arbeit“ in Frankfurt am Main und ihre Absolventen, Frankfurt am Main 1991, S. 14.

123 *Reichling*, Akademische Arbeiterbildung in der Weimarer Republik, S. 155 Anm. 2.

124 *Antrick*, Die Akademie der Arbeit in der Universität Frankfurt am Main, S. 44–45; *Wittrock*, Die „Akademie der Arbeit“ in Frankfurt am Main und ihre Absolventen, S. 14.

125 *Mestitz*, Der neue deutsche Reichswirtschaftsrat, S. 201, 203; *Gerold Neusser*, Arbeitsrecht, in: Handwörterbuch zur deutschen Rechtsgeschichte, Bd. 1, hrsg. von Albrecht Cordes / Heiner Lück / Dieter Werkmüller / Ruth Schmidt-Wiegand, Berlin ²2008, Sp. 279–285, hier Sp. 283; *Mathias Schmoeckel* / *Matthias Maetschke*, Rechtsgeschichte der Wirtschaft. Seit dem 19. Jahrhundert, Tübingen ²2016, Rn. 573–574.

126 *Kahn-Freund*, Autobiographische Erinnerungen an die Weimarer Republik, S. 183.

127 AdsD, NL Mestitz, Mappe 9, Anmerkungen zu meinem Leben, Zweite, ergänzte Fassung, 1988, S. 63.

128 *Zimmermann*, Die deutschen Juden 1914–1945, S. 46.

168.745 (44 Prozent) der Stimmen[129]. Landmann erklärte am 11. März 1933 angesichts der nationalsozialistischen Aggression und voller Resignation, „im Interesse der Stadtverwaltung und der Vermeidung zweckloser Kämpfe und Schwierigkeiten" zum 12. März 1933 in den Ruhestand zu treten[130]. Bei der Wahl zur Stadtverordnetenversammlung am 12. März 1933 erreichte die NSADP 158.759 (47,9 Prozent) Stimmen[131].

Mestitz wurde nach der Machtübernahme der Nationalsozialisten – wie er es ausdrückte – „sehr bald klar", dass er „als Sozialist und als Jude in einem nazistischen Deutschland nichts verloren hatte"[132] und seine „Wahlheimat"[133] verlassen musste. Ein „auslösendes Ereignis" für seine Entscheidung zur Flucht aus Deutschland stellte der unmittelbare Anblick der Terrorherrschaft der Nationalsozialisten in der Innenstadt von Frankfurt am Main dar. Mestitz berichtete:

> „Ich war Zeuge, wie auf der Zeil, unter dem Gejohle der SA und der Umstehenden, alte Juden gezwungen wurden, den Bürgersteig mit Zahnbürsten zu reinigen. Ich war betroffen, erschreckt, wütend, empört ob meiner Machtlosigkeit."[134]

129 *Maly*, Das Regiment der Parteien, S. 539; https://www.stadtgeschichte-ffm.de/de/ stadtgeschichte/stadtchronik/1933.

130 *Maly*, Das Regiment der Parteien, S. 541–542; https://www.stadtgeschichte-ffm.de/de/stadtgeschichte/stadtchronik/1933; *Rebentisch*, Ludwig Landmann, in: Frankfurter Personenlexikon (Onlineausgabe), https://frankfurter-personenlexikon.de/node/3021. Landmann floh am 13. März 1933 nach Berlin, um einer Verhaftung durch die SA in Frankfurt am Main zu entgehen. Er emigrierte 1939 vor dem Beginn des Zweiten Weltkriegs nach Holland und lebte dort im Versteck. In Holland starb er im März 1945 unterernährt an Herzmuskelschwäche.

131 *Maly*, Das Regiment der Parteien, S. 539–540; https://www.stadtgeschichte-ffm.de/de/stadtgeschichte/stadtchronik/1933.

132 AdsD, NL Mestitz, Mappe 9, Anmerkungen zu meinem Leben, Zweite, ergänzte Fassung, 1988, S. 17.

133 AdsD, NL Mestitz, Mappe 9, Anmerkungen zu meinem Leben, Zweite, ergänzte Fassung, 1988, S. 63.

134 AdsD, NL Mestitz, Mappe 9, Anmerkungen zu meinem Leben, Zweite, ergänzte Fassung, 1988, S. 17.

E) Flucht in die Tschechoslowakei

I. Emigration

Mestitz emigrierte im „Februar oder März 1933“, er wusste den genauen Zeitpunkt der Emigration selbst nicht mehr, in die Tschechoslowakei[1]. Vor der Emigration traf er Sinzheimer. Über die Zusammenkunft berichtete er:

> „Es war das letzte persönliche Zusammentreffen, voll Wehmut und Aussichtslosigkeit.“[2]

Sinzheimer emigrierte nach der Machtübernahme der Nationalsozialisten in die Niederlande. Sein Glaube an die „Möglichkeit einer Integration durch eine totale Assimilation“ war „erschüttert“[3]. In den Niederlanden wurde er 1933 Honorarprofessor für Arbeitsrecht. Im Jahre 1935 übernahm er einen Lehrstuhl für Arbeitsrecht an der Universität Leiden. Er tauchte 1940 unter und überlebte die nationalsozialistische Verfolgung im Versteck[4]. „Wenige Wochen nach Kriegsende“ starb er – wie es Fraenkel ausdrückte – an „Entkräftung“[5]. Sinzheimers jüngste Tochter Ursula Sinzheimer-Postma (1922–1997) berichtete über ihre Eltern hinsichtlich der unmittelbaren Zeit nach der Befreiung:

> „Sie haben überlebt, aber Vaters Ende war dann doch nicht ohne Tragik. Er hatte sein ganzes Leben lang an das Gute im Menschen geglaubt und für eine bessere Welt gekämpft. Aber als wir im Mai 1945 endlich frei waren und Straßenfeste feierten, kam er nicht mehr aus seinem Versteck heraus. Auch die Nachricht, daß seine Kinder und Enkel wie durch ein Wunder die Lager überlebt hatten, vermochte ihn nicht aufzurichten. Er ist im September 1945 in Bloemendaal gestorben, am Vorabend seiner Abschiedsrede an der Universität von Amsterdam.“[6]

---

1 AdsD, NL Mestitz, Mappe 9, Anmerkungen zu meinem Leben, Zweite, ergänzte Fassung, 1988, S. 175; *Rasehorn*, Der Untergang der deutschen linksbürgerlichen Kultur, S. 66; *von Borries-Pusback*, Keine Hochschule für den Sozialismus, S. 43 Fn. 103.

2 AdsD, NL Mestitz, Mappe 9, Anmerkungen zu meinem Leben, Zweite, ergänzte Fassung, 1988, S. 175.

3 Zu diesem Gedanken von Mestitz allerdings hinsichtlich Sinzheimer: *Mestitz*, Hugo Sinzheimer und das Arbeitsrecht, S. 37.

4 *Blanke*, Hugo Sinzheimer, S. 474–475; *Ludyga*, Otto Kahn-Freund, S. 6–7.

5 *Ernst Fraenkel*, Hugo Sinzheimer, in: ders., Reformismus und Pluralismus. Materialien zu einer ungeschriebenen politischen Autobiographie, hrsg. von Falk Esche / Frank Grube, Hamburg 1973, S. 131–142, hier S. 142.

6 *Ursula Postma*, In Memoriam Hugo Sinzheimer, in: Volker Jakob, Anne Frank war nicht allein. Lebensgeschichten deutscher Juden in den Niederlanden, Bonn 1988,

https://doi.org/10.1515/9783111388656-005

Mestitz floh 1933 in eine „Umgebung“, die ihm „sprachlich fremd geworden“ war[7]. Seit der Gründung des Staates Tschechoslowakei hatte er nie in diesem Land gelebt[8]. In der Tschechoslowakei ließ er seinen bald ablaufenden Pass verlängern[9]. Er lebte zunächst in Prag, wo er keine Arbeit fand[10] und ihn „Existenzsorgen“ plagten. Sein Vater konnte Mestitz finanziell nicht unterstützen, da dieser Anfang der 1930er-Jahre im „Krach der Wiener Creditanstalt“ „sein ganzes Vermögen verloren hatte“[11]. Die „Creditanstalt“ war eng „verflochten“ mit der Industrie und den Sparkassen. Daher wirkte sich der Zusammenbruch der „Creditanstalt“ auf die ganze österreichische Wirtschaft aus, und die Einlagen von Privatpersonen sowie Unternehmen waren „verloren“[12]. Mestitz' Vater war im Jahre 1932 gestorben[13].

Anfang 1934 zog Mestitz von Prag nach Wien, wo seine Mutter und sein Bruder Walter wohnten[14]. Aufgrund seiner tschechoslowakischen Staatsangehörigkeit leistete er zwischen Juli 1934 und April 1935 seinen Militärdienst in der Tschechoslowakei ab[15].

S. 210–220., hier S. 216–217; https://www.historisches-unterfranken.uni-wuerzburg.de/juf/Datenbank/detailsinclude.php?global=;search;30627;;;1;;;;;;;;;;;;;;;alle;;;;;~ORDER~BY~Name,Vorname~;;;;;21384;1;11111111111111111;;ENDE.

7 AdsD, NL Mestitz, Mappe 9, Anmerkungen zu meinem Leben, Zweite, ergänzte Fassung, 1988, S. 63.

8 AdsD, NL Mestitz, Mappe 9, Anmerkungen zu meinem Leben, Zweite, ergänzte Fassung, 1988, S. 18.

9 AdsD, NL Mestitz, Mappe 9, Anmerkungen zu meinem Leben, Zweite, ergänzte Fassung, 1988, S. 17–18.

10 Privatbesitz Jan Taussig, Lebenslauf Franz Mestitz 4. September 1972.

11 AdsD, NL Mestitz, Mappe 9, Anmerkungen zu meinem Leben, Zweite, ergänzte Fassung, 1988, S. 63. Zum „Börsenkrach“ allgemein: *Fritz Weber*, Vor dem großen Krach. Österreichs Banken in der Zwischenkriegszeit am Beispiel der Credit-Anstalt für Handel und Gewerbe (Studien zur Wirtschaftsgeschichte und Wirtschaftspolitik, Bd. 9), Köln / Weimar / Wien 2016; *Dieter Stiefel*, Die Krise der Credit-Anstalt in den 1930er Jahren und ihre Folgen für das österreichische Bankensystem, in: Österreichische Zeitschrift für Geschichtswissenschaften 19 (2008), S. 117–141.

12 *Baltl*, Österreichische Rechtsgeschichte, S. 288.

13 AdsD, NL Mestitz, Mappe 9, Anmerkungen zu meinem Leben, Zweite, ergänzte Fassung, 1988, S. 154.

14 Privatbesitz Jan Taussig, Lebenslauf Franz Mestitz 4. September 1972.

15 AdsD, NL Mestitz, Mappe 9, Anmerkungen zu meinem Leben, Zweite, ergänzte Fassung, 1988, S. 17–18; Goethe-Universität Frankfurt am Main, Universitätsarchiv, Bestand Abt. 114 Nr. 108, Blatt 52, Curriculum vitae; *Rasehorn*, Der Untergang der deutschen linksbürgerlichen Kultur, S. 17, 72. Aus gesundheitlichen Gründen erfolgte eine Entlassung von Mestitz aus dem Militärdienst.

Die Emigration hinterließ tiefe „Spuren" im Leben von Mestitz[16]. Die „alte Arbeiterbewegung mit ihren über alles Liberale weit hinausgehenden Werten"[17] und dem Ziel einer „sozialistischen Veränderung der Gesellschaft" ging für ihn unter[18]. Anders als die übrigen Schüler von Sinzheimer emigrierte Mestitz nicht in ein westliches Land[19], obwohl er dies nach der Verlängerung seines Passes in Prag und der Ableistung des Militärdienstes ursprünglich geplant hatte. Mangels beruflicher Perspektiven zerschlugen sich erste Pläne zur Auswanderung von Mestitz in die USA[20].

1937 heiratete Mestitz seine langjährige Lebensgefährtin Margarete (1907–1996), die aus einer katholischen Familie in Wien stammte und Ärztin war[21]. Sein Bruder Walter, der Gynäkologe in Wien war, floh im August 1938 nach England. Dort arbeitete er in einem Kinderkrankenhaus und starb 1959. Die Frau seines Bruders war in England Augenärztin. Die Brüder Mestitz trafen sich 1952 in Genf zum letzten Mal[22].

II. Mitglied des „Sekretariats der Vereinigung der slowakischen Industrie"

Edvard Beneš (1884–1984)[23] trat 1935 die Nachfolge von Masaryk als Präsident der Tschechoslowakei an[24]. Mestitz wurde in diesem Jahr aufgrund einer

16 *Rasehorn*, Der Untergang der deutschen linksbürgerlichen Kultur, S. 70.

17 AdsD NL Mestitz, Mappe 3, Brief Mestitz an Rasehorn, 15. Juni 1987.

18 AdsD, NL Mestitz, Mappe 1/2, Brief Mestitz an Borchers, 5. Februar 1986.

19 *Rasehorn*, Der Untergang der deutschen linksbürgerlichen Kultur, S. 72; allgemein: Grebing, Jüdische Intellektuelle in der deutschen Arbeiterbewegung zwischen den beiden Weltkriegen, S. 37–38.

20 AdsD, NL Mestitz, Mappe 9, Anmerkungen zu meinem Leben, Zweite, ergänzte Fassung, 1988, S. 18.

21 AdsD, NL Mestitz, Mappe 9, Anmerkungen zu meinem Leben, Zweite, ergänzte Fassung, 1988, S. 19, 63; Privatbesitz Jan Taussig, Lebenslauf Franz Mestitz 4. September 1972, Stammbaum. Margarete Mestitz war eine geborene Zellmann.

22 AdsD, NL Mestitz, Mappe 9, Anmerkungen zu meinem Leben, Zweite, ergänzte Fassung, 1988, S. 4–5, 40 Anm. 2; Privatbesitz Jan Taussig, Stammbaum; Schriftliche Auskunft von Jan Taussig vom 6. Juli 2023; British Medical Journal, 26. Dezember 1959, S. 1490; https://www.dgkj.de/die-gesellschaft/geschichte/juedische-kinderaerztinnen-und-aerzte-1933-1945/suchergebnis-der-datenbank?tx_dgkjpaediatristsnsera_search-paediastrists%5Baction%5D=show&tx_dgkjpaediatrist-snsera_searchpaediastrists%5Bcontroller%5D=PaediatristNSEra&tx_dgkjpaediatrist-snsera_searchpaediastrists%5BpaediatristNSEra%5D=2264&cHash=fe4843ac76d5f936782a490e4c25d9a4.

23 *Ota Konrád, René Küpper* (Hrsg.), Edvard Beneš: Vorbild und Feindbild, politische, mediale und historiographische Deutungen, Göttingen 2013.

24 *Bahlcke*, Geschichte Tschechiens, S. 101.

Vermittlung durch den Juristen Ervin Hexner (1893–1968), der Generalsekretär der „Vereinigung der slowakischen Industrie“ war[25] und der 1939 aus der Tschechoslowakei in die USA emigrierte und Hochschullehrer in den Bereichen der Politikwissenschaften und Wirtschaftswissenschaften an diversen Universitäten in den USA wurde[26], Mitglied des „Sekretariats der Vereinigung der slowakischen Industrie“ in Bratislava[27]. Gemeinsam mit Budapest und Wien stellte Bratislava ein „geographisches, religiöses und kulturell-gesellschaftliches Dreieck“ dar[28].

Bei der „Vereinigung der slowakischen Industrie“ handelte es sich um einen Arbeitgeberverband[29]. Die Vereinigung gehörte dem „Zentralverband der tschechoslowakischen Industriellen“ mit Sitz in Prag an[30]. Als Experte für Arbeits- und Sozialrecht war Mestitz, obwohl er Sozialist war, in der Vereinigung geschätzt[31] und genoss – wie er es betonte – „uneingeschränkte Meinungsfreiheit“ bei seiner Arbeit. Er knüpfte im Rahmen seiner Tätigkeit persönlichen Kontakt zu sozialdemokratischen und kommunistischen Gewerkschaftern. Seine berufliche Aufgabe bestand darin, die aktuelle Rechtsprechung im Arbeitsrecht zu beobachten und für die Vereinigung einzuschätzen sowie aktuelle arbeitsrechtliche Probleme aufzubereiten. An Lohnverhandlungen beteiligte die Vereinigung Mestitz nicht[32].

---

25 AdsD, NL Mestitz, Mappe 9, Anmerkungen zu meinem Leben, Zweite, ergänzte Fassung, 1988, S. 65.

26 *Julius Horvath*, An Introduction to the History of Economic Thought in Central Europe, Cham 2020, S. 160; https://www.deutsche-digitale-bibliothek.de/person/gnd/130631019.

27 AdsD, NL Mestitz, Mappe 9, Anmerkungen zu meinem Leben, Zweite, ergänzte Fassung, 1988, S. 65; *Rasehorn*, Der Untergang der deutschen linksbürgerlichen Kultur, S. 17, 73; *von Borries-Pusback*, Keine Hochschule für den Sozialismus, S. 43 Fn. 103. Vor dieser Anstellung bei der „Vereinigung der slowakischen Industrie“ war Mestitz für kurze Zeit bei der Kurverwaltung in Piešťany tätig.

28 *Katarína Hradská*, Die Lage der Juden in der Slowakei, in: Jörg Hoensch / Stanislav Biman / Ľubomír Lipták (Hrsg.), Judenemanzipation – Antisemitismus – Verfolgung in Deutschland, den Böhmischen Ländern und der Slowakei (Veröffentlichungen der Deutsch-Tschechischen und der Deutsch-Slowakischen Historikerkommission, Bd. 6 = Veröffentlichungen des Instituts für Kultur und Geschichte der Deutschen im östlichen Europa, Bd. 13), Essen 1999, S. 155–164.

29 *Rasehorn*, Der Untergang der deutschen linksbürgerlichen Kultur, S. 17, 73.

30 *Kurt Witt*, Wirtschaftskräfte und Wirtschaftspolitik der Tschechoslowakei, Leipzig 1938, S. 53–54.

31 *Rasehorn*, Der Untergang der deutschen linksbürgerlichen Kultur, S. 73.

32 AdsD, NL Mestitz, Mappe 9, Anmerkungen zu meinem Leben, Zweite, ergänzte Fassung, 1988, S. 66.

III. Verfolgung

Das in München am 29. September 1938 geschlossene Abkommen zwischen Deutschland, dem Vereinigten Königreich, Frankreich und Italien führte zur Abtretung des sudetendeutschen Gebietes von der Tschechoslowakei an Deutschland[33], ohne dass die tschechoslowakische Regierung die Ausgestaltung des Abkommens beeinflussen konnte[34]. Das Abkommen lieferte die Tschechoslowakei, die ihre „Lebensfähigkeit" verlor, der „Willkür Hitlers" aus[35]. Beneš trat am 5. Oktober 1938 als Präsident der Tschechoslowakei zurück[36]. Die Slowakei proklamierte am 14. März 1939 unter Präsident Jozef Tiso (1887–1947)[37] ihre Unabhängigkeit[38]. „Allein Hitlers Direktiven" führten zu dieser Staatsgründung. Die Slowakei war ein „Vasallenstaat" Deutschlands[39]. Tiso errichtete einen „faschistisch-nationalsozialistischen" Staat und eine „Präsidialdiktatur"[40]. Am 14. März 1939 marschierten deutsche Truppen in Prag ein[41]. Der „Erlass" Adolf Hitlers über das „Protektorat Böhmen und Mähren" vom 16. März 1939[42] führte zur Eingliederung Böhmens und Mährens als „minderberechtigter Teil in das Reichsgebiet". Die Tschechoslowakei verlor gewaltsam „alle Merkmale der Souveränität"[43].

Bemühungen von Mestitz und seiner Ehefrau zur Emigration in die USA scheiterten im Sommer 1939. Mestitz erhielt durch Kontakte von Carl Mayer ein Angebot, als „Research Associate" an der „New York School for Social Research" tätig zu sein. Der amerikanische Generalkonsul in Prag verweigerte

---

33 Abkommen zwischen Deutschland, dem Vereinigten Königreich, Frankreich und Italien, getroffen in München, 29. September 1938, Reichsgesetzblatt 1938 Teil II, S. 853–854.

34 *Hoensch*, Geschichte der Tschechoslowakei, S. 95.

35 *Hoensch*, Geschichte der Tschechoslowakei, S. 95.

36 *Bahlcke*, Geschichte Tschechiens, S. 102.

37 *Milan Stanislav Ďurica*, Jozef Tiso, in: Biographisches Lexikon zur Geschichte Südosteuropas, Bd. 4, hrsg. von Mathias Bernath / Karl Nehring, München 1981, S. 319–320.

38 *Schelle / Tauchen*, Grundriss der tschechoslowakischen Rechtsgeschichte, S. 81; *Kurt Bauer*, Nationalsozialismus. Ursprünge, Anfänge, Aufstieg und Fall, Wien / Köln / Weimar 2008, S. 341.

39 *Hoensch*, Geschichte der Tschechoslowakei, S. 111; *Bahlcke*, Geschichte Tschechiens, S. 103–104.

40 *Bahlcke*, Geschichte Tschechiens, S. 104.

41 *Schelle / Tauchen*, Grundriss der tschechoslowakischen Rechtsgeschichte, S. 63–65; *Wildt*, Geschichte des Nationalsozialismus, S. 142.

42 Erlass des Führers und Reichskanzlers über das Protektorat Böhmen und Mähren, 16. März 1939, Reichsgesetzblatt 1939 Teil I, S. 485–488.

43 *Hoensch*, Geschichte der Tschechoslowakei, S. 105.

Mestitz jedoch das erforderliche Visum zur Emigration wegen der nur für ein Jahr geplanten Beschäftigungsdauer und eines zu geringen Verdienstes[44]. Mestitz bemerkte zur gescheiterten Emigration:

> „Die Falle war zugeklappt."[45]

Mestitz' Mutter starb 1944[46] in Bratislava. Sie war nach dem „Anschluss Österreichs" an Deutschland im März 1938[47] von Wien nach Bratislava geflüchtet[48]. Mestitz berichtete über das Leben und die unmittelbare Zeit seiner Mutter vor ihrem Tod:

> „Als es für meine Mutter an's Sterben ging, konnte ich sie nur illegal in's Krankenhaus bringen, und als sie gestorben war, musste sie in aller Heimlichkeit bei Nacht und Nebel auf den Friedhof gebracht werden, da nicht herauskommen durfte, daß das Krankenhaus eine Jüdin aufgenommen hatte."[49]

In der Slowakei gab es einen „heftigen, weit verbreiteten Antisemitismus"[50]. Die Slowakei führte in Anlehnung an deutsche Normen eine antisemitische Gesetzgebung ein[51]. Jüdische Beamte und Armeeangehörige wurden ab 1939 entlassen[52]. Im August 1940 wurde ein „Zentrales Wirtschaftsamt" errichtet, das für antisemitische Maßnahmen wie etwa die Enteignungen von Juden zuständig war[53].

---

44 AdsD, NL Mestitz, Mappe 9, Anmerkungen zu meinem Leben, Zweite, ergänzte Fassung, 1988, S. 18; AdsD, NL Mestitz, Mappe 1/2, Brief Mestitz an Grathoff, 10. Dezember 1975; *Rasehorn*, Der Untergang der deutschen linksbürgerlichen Kultur, S. 76.

45 AdsD, NL Mestitz, Mappe 9, Anmerkungen zu meinem Leben, Zweite, ergänzte Fassung, 1988, S. 18.

46 Privatbesitz Jan Taussig, Stammbaum.

47 *Michael Wildt*, Geschichte des Nationalsozialismus, Göttingen 2008, S. 140.

48 AdsD, NL Mestitz, Mappe 9, Anmerkungen zu meinem Leben, Zweite, ergänzte Fassung, 1988, S. 25.

49 AdsD, NL Mestitz, Mappe 9, Anmerkungen zu meinem Leben, Zweite, ergänzte Fassung, 1988, S. 25.

50 AdsD, NL Mestitz, Mappe 9, Anmerkungen zu meinem Leben, Zweite, ergänzte Fassung, 1988, S. 20.

51 *Karady*, Gewalterfahrung und Utopie, S. 252; *Miloslav Szabó*, Slowakische Rassengesetze (1939–1941), in: Wolfgang Benz (Hrsg.), Handbuch des Antisemitismus, Bd. 4, Ereignisse, Dekrete, Kontroversen, Berlin / Boston 2011, S. 387–389.

52 *Raul Hilberg*, Die Vernichtung der europäischen Juden, Bd. 2, Frankfurt am Main 1990, S. 769; *Szabó*, Slowakische Rassengesetze, S. 387.

53 *Hilberg*, Die Vernichtung der europäischen Juden, Bd. 2, S. 767; *Ivan Kamenec*, Die jüdische Frage in der Slowakei während des Zweiten Weltkriegs, in: Jörg Hoensch / Stanislav Biman / Ľubomír Lipták (Hrsg.), Judenemanzipation – Antisemitismus – Verfolgung in Deutschland, den Böhmischen Ländern und der Slowakei (Veröffentlichungen der Deutsch-Tschechischen und der Deutsch-Slowakischen Historikerkommission, Bd. 6 = Veröffentlichungen des Instituts für Kultur und Geschichte der Deutschen im östlichen Europa, Bd. 13), Essen 1999, S. 165–173, hier S. 168.

Im Dezember 1940 lebten nach einer Volkszählung 88.951 Juden in der Slowakei[54]. Ab Herbst 1941 mussten Juden in drei Hauptlagern in Sered, Nováky und Vyhne sowie in acht Nebenlagern Zwangsarbeit leisten[55]. Seit dem 9. September 1941 hatten Juden aufgrund des sogenannten „Juden-Kodex", der in Form einer Verordnung erging, zur „Kennzeichnung" einen „Judenstern" zu tragen[56]. Die Deportationen von Juden aus der Slowakei in die Konzentrations- und Vernichtungslager Auschwitz, Sobibor und Majdanek setzten am 26. März 1942 ein. Ende Juni 1942 stockten die Deportationen. Es wurden in diesem Zeitrahmen 57.627 Juden deportiert und ermordet. Etwa 30.000 Juden befanden sich Ende Juni/Anfang Juli 1942 noch in der Slowakei[57]. Ab Mai 1942 wurden Juden, die als „unentbehrlich" galten, von der Deportation ausgenommen[58]. Dazu gehörten Juden, die als „unverzichtbare Wirtschaftskräfte" betrachtet wurden[59]. Die „Vereinigung der slowakischen Industrie" bewirkte, dass Mestitz als „wirtschaftlich wichtiger Jude" eingestuft wurde. Diese Einstufung bedeute eine „Sicherheit auf Abruf". Zu der Einstufung als „wirtschaftlich wichtiger Jude" führte nach den Angaben von Mestitz eine Studie, die er im Auftrag der „Vereinigung der slowakischen Industrie" für den slowakischen Staat über den „Familienlohn" erstellt hatte. Diese Untersuchung hinterließ – so Mestitz – „großen Eindruck" bei dem slowakischen Innenminister Alexander Mach (1902–1980)[60], der von der „Vereinigung der slowakischen Industrie" den Namen des Autors der Studie wissen wollte. Als Mach der Name von Mestitz bekannt wurde, erklärte Mach nach den Angaben von Mestitz:

> „Dieser Jud muß hier bleiben."[61]

Mach, der ein radikaler Antisemit war, leiteten hinsichtlich der „Einstufung" von Mestitz keine Motive der Menschlichkeit. Er war einer der primär Schul-

---

54 *Hilberg*, Die Vernichtung der europäischen Juden, Bd. 2, S. 769.

55 *Hilberg*, Die Vernichtung der europäischen Juden, Bd. 2, S. 773.

56 *Hilberg*, Die Vernichtung der europäischen Juden, Bd. 2, S. 774–775; *Kamenec*, Die jüdische Frage in der Slowakei während des Zweiten Weltkriegs, S. 169; *Szabó*, Slowakische Rassengesetze, S. 388.

57 *Hilberg*, Die Vernichtung der europäischen Juden, Bd. 2, S. 779, 784–785; *Szabó*, Slowakische Rassengesetze, S. 388.

58 *Hilberg*, Die Vernichtung der europäischen Juden, Bd. 2, S. 783.

59 *Kamenec*, Die jüdische Frage in der Slowakei während des Zweiten Weltkriegs, S. 172.

60 *Ladislav Lipscher*, Die Juden im Slowakischen Staat 1939–1945 (Veröffentlichungen des Collegium Carolinum, Bd. 35), München / Wien 1980, S. 91; chrome-extension://efaidnbmnnnibpcajpcglclefindmkaj/https://www.yadvashem.org/odot_pdf/Microsoft%20Word%20-%206634.PDF.

61 AdsD, NL Mestitz, Mappe 9, Anmerkungen zu meinem Leben, Zweite, ergänzte Fassung, 1988, S. 27–28.

digen hinsichtlich der Deportationen der slowakischen Juden in die Konzentrations- und Vernichtungslager sowie der folgenden Morde[62]. Ein Gericht in der Tschechoslowakei verurteilte Mach im Jahre 1947 zu einer dreißigjährigen Gefängnisstrafe[63].

Im Januar 1944 erging eine Aufforderung an alle Juden in Bratislava zur Meldung bei der Polizei[64]. Durch „Zufall" – wie Mestitz es ausdrückte – entging er der Deportation[65]. Nach der Besetzung der Slowakei durch deutsche Truppen im August 1944 nach einem Aufstand gegen die slowakische Diktatur und die deutsche „Schutzmacht"[66] „tauchte" Mestitz „unter". Er versteckte sich im Keller des Gebäudes der „Vereinigung der slowakischen Industrie". Eine Kollegin und der ungarische Pförtner der Vereinigung unterstützten ihn. Essen brachte ihm seine Ehefrau[67]. Seine eigenen Überlebenschancen bezeichnete Mestitz als „sehr prekär"[68]. Die „Vereinigung der slowakischen Industrie" half seiner Ehefrau finanziell, als sich Mestitz im Versteck befand[69], der berichtete, dass der Generalsekretär und Sekretäre der „Vereinigung der slowakischen Industrie" als „überzeugte Demokraten" Verbindungen zur „Londoner und später auch zur Moskauer Emigration" unterhielten[70]. Die Deportationen von slowakischen Juden in die Konzentrationslager wurden im September/Oktober 1944 wieder aufgenommen[71].

62 *Aaron Grünhut*, Katastrophenzeit des slowakischen Judentums. Aufstieg und Niedergang der Juden von Pressburg, Tel Aviv 1972, S. 64–75; *Lipscher*, Die Juden im Slowakischen Staat 1939–1945, S. 101–102, 108, 115–116, 126–127, 132, 145; chrome-extension://efaidnbmnnnibpcajpcglclefindmkaj/; https://www.yadvashem.org/odot_pdf/ Microsoft%20Word%20-%206634.PDF.

63 Die Welt, 20. Mai 1947.

64 *Hilberg*, Die Vernichtung der europäischen Juden, Bd. 2, S. 790.

65 AdsD, NL Mestitz, Mappe 9, Anmerkungen zu meinem Leben, Zweite, ergänzte Fassung, 1988, S. 41 Anm. 15.

66 *Bahlcke*, Geschichte Tschechiens, S. 106; *Hoensch*, Geschichte der Tschechoslowakei, S. 115.

67 AdsD, NL Mestitz, Mappe 9, Anmerkungen zu meinem Leben, Zweite, ergänzte Fassung, 1988, S. 24; AdsD, NL Mestitz, Mappe 1/2, Brief Zeisel an Rheinstein, 9. Oktober 1970; *Rasehorn*, Der Untergang der deutschen linksbürgerlichen Kultur, S. 17, 80.

68 AdsD, NL Mestitz, Mappe 9, Anmerkungen zu meinem Leben, Zweite, ergänzte Fassung, 1988, S. 26.

69 AdsD, NL Mestitz, Mappe 9, Anmerkungen zu meinem Leben, Zweite, ergänzte Fassung, 1988, S. 24.

70 AdsD, NL Mestitz, Mappe 9, Anmerkungen zu meinem Leben, Zweite, ergänzte Fassung, 1988, S. 42 Anm. 15.

71 *Hilberg*, Die Vernichtung der europäischen Juden, Bd. 2, S. 791–793; *Karady*, Gewalterfahrung und Utopie, S. 252.

Mestitz stellte sich in seinen Lebenserinnerungen die Frage, warum er sich nicht dem Widerstand gegen den Nationalsozialismus angeschlossen hat. Er erklärte dies damit, unsicher gewesen zu sein, dass er die „letzte Entschlossenheit aufgebracht hätte“ und „bereit gewesen wäre“, „auch das Leben seiner Familie auf 's Spiel zu setzen“. Zum „jüdischen Widerstand“ fehlte ihm nach seinen Angaben „jeder Kontakt“[72].

Keinen Schutz vor der Verfolgung bot Mestitz der Umstand, dass er sich 1941 protestantisch hat taufen lassen[73]. Mestitz hielt über die Taufe in seinen Lebenserinnerungen fest:

> „Ich wurde ‘angesichts der Umstände’ zum evangelischen Christen, was ich dann 1945 aus Überzeugung wieder aufhörte zu sein.“[74]

Raul Hilberg (1926–2007)[75] geht davon aus, dass „einige Tausend“ slowakische Juden konvertierten, um der Verfolgung zu entgehen. Die slowakischen Juden „klammerten“ sich an diesen „letzten Strohhalm“[76]. Die slowakische Regierung bestimmte im „Juden-Kodex“ von September 1941, wer Jude war. Dieser Kodex betrachtete Menschen als Juden, die „drei jüdische Großeltern hatten“. Als Juden galten auch diejenigen, die sich zum Judentum bekannten mit „zwei bzw. einem jüdischen Großelternteil“[77]. Einen Schutz vor der Deportation und der Ermordung bot der Übertritt zum Katholizismus, Protestantismus oder zur griechisch-orthodoxen Kirche nicht[78]. Insgesamt wurden 70.000 slowakische Juden in Konzentrations- und Vernichtungslager verschleppt. 65.000 von ihnen wurden ermordet[79].

---

72 AdsD, NL Mestitz, Mappe 9, Anmerkungen zu meinem Leben, Zweite, ergänzte Fassung, 1988, S. 29.

73 AdsD, NL Mestitz, Mappe 9, Anmerkungen zu meinem Leben, Zweite, ergänzte Fassung, 1988, S. 26.

74 AdsD, NL Mestitz, Mappe 9, Anmerkungen zu meinem Leben, Zweite, ergänzte Fassung, 1988, S. 27.

75 *Gustav Seibt*, Holocaust-Forscher Hilberg ist tot. „Töten ist nicht mehr so schwer wie früher“, in: Süddeutsche Zeitung vom 26. November 2008, https://www.sueddeutsche.de/kultur/holocaust-forscher-hilberg-ist-tot-toeten-ist-nicht-mehr-so-schwer-wie-frueher-1.831893.

76 *Hilberg*, Die Vernichtung der europäischen Juden, Bd. 2, S. 780–781; *Kamenec*, Die jüdische Frage in der Slowakei während des Zweiten Weltkriegs, S. 171.

77 *Szabó*, Slowakische Rassengesetze, S. 388. Juden durften nach dem Kodex keine Ehe mit einem Nicht-Juden schließen. Außereheliche Sexualkontakte verbot der „Juden-Kodex“.

78 *Hilberg*, Die Vernichtung der europäischen Juden, Bd. 2, S. 780–781.

79 *Hilberg*, Die Vernichtung der europäischen Juden, Bd. 2, S. 793–794.

F) Wirken in der Tschechoslowakei

I. Befreiung

Russische Truppen befreiten am 4. April 1945 Bratislava[1]. Für Mestitz bedeutete dies nach seinen eigenen Worten die „echte und herbeigesehnte Befreiung vom Faschismus“[2]. Gleichzeitig stellte er fest:

> „Wir leben in einer ganz anderen und unendlich fremden Welt. Der Osten ist da, der Westen ist weit, weit weg… Einerseits sind wir nicht nur befreit, sondern auch erobert worden.“[3]

Die slowakischen Juden, die den Holocaust überlebt hatten, zogen sich häufig vollständig ins „Privatleben“ zurück oder emigrierten[4].

Im Frühjahr 1946 erhielt Mestitz die Möglichkeit, eine Professur an der Emory University in Atlanta zu übernehmen. Er schlug das Angebot aus, da er in der wiedererrichteten Tschechoslowakei die Möglichkeit sah, „am Aufbau einer sozialistischen Ordnung mitzuarbeiten“[5]. Rückblickend bemerkte er dazu in seinen Lebenserinnerungen:

> „Es dauerte nicht einmal lange, bis ich darüber belehrt wurde, wie weit diese Hoffnung real und wie weit sie Illusion war.“[6]

Am 5. April 1945 wurde Zdeněk Fierlinger (1891–1976)[7] erster Ministerpräsi-

1 *Schelle / Tauchen*, Grundriss der tschechoslowakischen Rechtsgeschichte, S. 82; *Rasehorn*, Der Untergang der deutschen linksbürgerlichen Kultur, S. 81.

2 AdsD, NL Mestitz, Mappe 9, Anmerkungen zu meinem Leben, Zweite, ergänzte Fassung, 1988, S. 30.

3 AdsD, NL Mestitz, Mappe 9, Anmerkungen zu meinem Leben, Zweite, ergänzte Fassung, 1988, S. 67.

4 *Iris Engemann*, Die Slowakisierung Bratislavas. Universität, Theater und Kultusgemeinden 1918–1948 (Studien zur Sozial- und Wirtschaftsgeschichte Ostmitteleuropas, Bd. 22), Wiesbaden 2012, S. 245.

5 AdsD, NL Mestitz, Mappe 9, Anmerkungen zu meinem Leben, Zweite, ergänzte Fassung, 1988, S. 18–19.

6 AdsD, NL Mestitz, Mappe 9, Anmerkungen zu meinem Leben, Zweite, ergänzte Fassung, 1988, S. 19.

7 o. V., Zdeněk Fierlinger, Biographisches Lexikon zur Geschichte der böhmischen Länder, Bd. 1, hrsg. von *Heribert Sturm*, München / Wien 1979, S. 346.

https://doi.org/10.1515/9783111388656-006

dent der Tschechoslowakei[8]. Von Oktober 1945 und bis Juni 1948 bekleidete Beneš das Amt des Staatspräsidenten der Tschechoslowakei[9].

II. Kaschauer Programm

Die politische Ausrichtung der Tschechoslowakei nach dem Ende des Zweiten Weltkriegs bestimmte sich nach dem Kaschauer Programm vom 5. April 1945. Es handelte sich um das Regierungsprogramm unter Ministerpräsident Fierlinger[10]. Die tschechoslowakische Regierung strebte nach dem Programm die „praktische Zusammenarbeit mit der Sowjetunion" „militärisch, politisch, wirtschaftlich" und „kulturell" an[11]. Das Kaschauer Programm bildete nach Mestitz die „Basis der ersten Jahre der Alleinherrschaft" der Kommunistischen Partei der Tschechoslowakei (KPTsch)[12], die nach der „offiziellen Parteigeschichte" seit dem 16. Mai 1921 bestand[13]. Die Teilnahme am politischen Leben in der Tschechoslowakei sollte nach dem Kaschauer Programm nur den Parteien erlaubt werden, die sich am „antifaschistischen Kampf" beteiligt hatten[14]. Das Programm sah die „Aussiedlung und entschädigungslose Enteignung der Sudenten- und Karpatendeutschen" sowie der Magyaren vor, sofern sie ihre Loyalität gegenüber dem Staat während des Zweiten Weltkriegs nicht belegen konnten[15]. Es beinhaltete die Forderung nach einer Bestrafung von

---

8 *Hoensch*, Geschichte der Tschechoslowakei, S. 125; *Schelle / Tauchen*, Grundriss der tschechoslowakischen Rechtsgeschichte, S. 112.

9 *Bahlcke*, Geschichte Tschechiens, S.122; *Hoensch*, Geschichte der Tschechoslowakei, S. 116.

10 Das Kaschauer Programm. Programm der neuen tschechoslowakischen Regierung der Nationalen Front der Tschechen und Slowaken, angenommen auf der ersten Sitzung der Regierung am 5. April 1945, in: Die Vertreibung der Deutschen Bevölkerung aus der Tschechoslowakei (Dokumentation der Vertreibung der Deutschen aus Ost-Mitteleuropa, Bd. IV/1), hrsg. vom Bundesministerium für Vertriebene, Flüchtlinge und Kriegsgeschädigte, Berlin 1957, S. 184–203; *Hoensch*, Geschichte der Tschechoslowakei, S. 124.

11 Das Kaschauer Programm. Programm der neuen tschechoslowakischen Regierung, in: Die Vertreibung der Deutschen Bevölkerung aus der Tschechoslowakei, S. 188–189.

12 AdsD, NL Mestitz, Mappe 9, Anmerkungen zu meinem Leben, Zweite, ergänzte Fassung, 1988, S. 118 Anm. 30; *Hoensch*, Geschichte der Tschechoslowakei, S. 124.

13 *Lammich*, Die Verfassung der Tschechoslowakei, S. 21.

14 *Josef Pokštefl*, Verfassungs- und Regierungssystem der ČSSR (Veröffentlichungen des Collegium Carolinum, Bd. 42), München / Wien 1982, S. 13.

15 Das Kaschauer Programm. Programm der neuen tschechoslowakischen Regierung, in: Die Vertreibung der Deutschen Bevölkerung aus der Tschechoslowakei, S. 192–193, 195; *Hoensch*, Geschichte der Tschechoslowakei, S. 124–125; *Pokštefl*, Verfassungs- und Regierungssystem der ČSSR, S. 13.

Kollaborateuren[16] und „Pläne zur Errichtung eines Wohlfahrtsstaates mit sozialer Sicherheit für alle". Festgelegt wurde eine „Verstaatlichung der Großindustrie" sowie von Banken und Versicherungen[17]. An die Stelle der bisherigen Distrikts- und Gemeindeverwaltungen sollten „Nationalausschüsse" als „Organe der öffentlichen Verwaltung"[18] treten, die von der Bevölkerung gewählt wurden[19]. Das Programm sah „Säuberungen" auf dem „Gebiet der Erziehung und Kultur" vor[20]. Die tschechoslowakische Armee sollte nach dem „Vorbild der Roten Armee" organisiert werden[21]. Für die Slowakei war eine nicht näher umschriebene Autonomie vorgesehen[22].

III. Mitgliedschaft in der KPTsch

Vom 28. bis zum 30. März 1946 veranstaltete die KPTsch den VIII. Parteitag. Auf diesem folgte die Eröffnung des Wahlkampfes für die „Verfassungsgebende Nationalversammlung". Die Wahlen dafür fanden am 26. Mai 1946

16 Das Kaschauer Programm. Programm der neuen tschechoslowakischen Regierung, in: Die Vertreibung der Deutschen Bevölkerung aus der Tschechoslowakei, S. 193–194; *Hoensch*, Geschichte der Tschechoslowakei, S. 124–125; *Pokštefl*, Verfassungs- und Regierungssystem der ČSSR, S. 13.

17 *Hoensch*, Geschichte der Tschechoslowakei, S. 124–125; *Pokštefl*, Verfassungs- und Regierungssystem der ČSSR, S. 13.

18 Das Kaschauer Programm. Programm der neuen tschechoslowakischen Regierung, in: Die Vertreibung der Deutschen Bevölkerung aus der Tschechoslowakei, S. 195–198; *Pokštefl*, Verfassungs- und Regierungssystem der ČSSR, S. 13, 18. Siehe: Friedrich Korkisch, Die verfassungsrechtliche Entwicklung in der Tschechoslowakei bis zur Verfassung vom 9. Mai 1948, in: Zeitschrift für ausländisches öffentliches Recht und Völkerrecht 13 (1950/51) S. 670–687, hier S. 677–679.

19 Das Kaschauer Programm. Programm der neuen tschechoslowakischen Regierung, in: Die Vertreibung der Deutschen Bevölkerung aus der Tschechoslowakei, S. 190.

20 Das Kaschauer Programm. Programm der neuen tschechoslowakischen Regierung, in: Die Vertreibung der Deutschen Bevölkerung aus der Tschechoslowakei, S. 201; *Hoensch*, Geschichte der Tschechoslowakei, S. 124–125; *Pokštefl*, Verfassungs- und Regierungssystem der ČSSR, S. 13.

21 Das Kaschauer Programm. Programm der neuen tschechoslowakischen Regierung, in: Die Vertreibung der Deutschen Bevölkerung aus der Tschechoslowakei, S. 186; *Hoensch*, Geschichte der Tschechoslowakei, S. 124–125; *Pokštefl*, Verfassungs- und Regierungssystem der ČSSR, S. 13.

22 Das Kaschauer Programm. Programm der neuen tschechoslowakischen Regierung, in: Die Vertreibung der Deutschen Bevölkerung aus der Tschechoslowakei, S. 191; *Hoensch*, Geschichte der Tschechoslowakei, S. 124–125; *Pokštefl*, Verfassungs- und Regierungssystem der ČSSR, S. 13.

statt[23]. 37,94 Prozent der Wähler entschieden sich für die KPTsch[24], die in der Folge an der Stelle von Fierlinger mit Klement Gottwald (1896–1953)[25] den Ministerpräsidenten stellte[26]. Bemerkenswert war, dass die KPTsch in der Slowakei nur 30 Prozent der abgegebenen Stimmen erhielt[27]. Nach seinen eigenen Angaben trat Mestitz nach den Wahlen in die KPTsch ein, um die Partei zu „stärken“[28]. Er hegte „Zweifel an der Diktatur des Proletariats“ und an der „Richtigkeit des sowjetischen bürokratischen Sozialismus“. Er beklagte die undemokratischen Verhältnisse in der Sowjetunion[29] und betrachtete diese nicht als einen „Zukunftsstaat des Marxismus“, sondern als einen „nationalen Machtstaat“, der eine „imperialistische Machtpolitik betrieb“ ohne „Rücksicht auf die Interessen der internationalen Arbeiterbewegung“[30]. Trotz seiner Kritik gegenüber den bestehenden politischen Verhältnissen in der Tschechoslowakei und der Sowjetunion wurde er – wie er es selbst ausdrückte – „Kommunist“[31]. In der unmittelbaren Zeit nach der Befreiung bestand die KPTsch aus einer tschechischen und einer slowakischen Sektion[32]. Die KPTsch besaß im März 1946 fast 1,2 Millionen, im November 1948 2,5 Millionen und im November 1949 2,3 Millionen Mitglieder[33].

---

23 *Hoensch*, Geschichte der Tschechoslowakei, S. 130; *Lammich*, Die Verfassung der Tschechoslowakei, S. 12; *Pokštefl*, Verfassungs- und Regierungssystem der ČSSR, S. 17; *Schelle / Tauchen*, Grundriss der tschechoslowakischen Rechtsgeschichte, S. 93.

24 *Hoensch*, Geschichte der Tschechoslowakei, S. 131; *Pokštefl*, Verfassungs- und Regierungssystem der ČSSR, S. 15.

25 *Hoensch*, Geschichte der Tschechoslowakei, S. 131; *Schelle / Tauchen*, Grundriss der tschechoslowakischen Rechtsgeschichte, S. 112; siehe hinsichtlich der Lebensdaten mit weiteren Hinweisen: https://pm20.zbw.eu/folder/pe/0063xx/006386/about.

26 *Bahlcke*, Geschichte Tschechiens, S. 108; *Schelle / Tauchen*, Grundriss der tschechoslowakischen Rechtsgeschichte, S. 113.

27 *Hoensch*, Geschichte der Tschechoslowakei, S. 132–133.

28 AdsD, NL Mestitz, Mappe 9, Anmerkungen zu meinem Leben, Zweite, ergänzte Fassung, 1988, S. 70–72; *Rasehorn*, Der Untergang der deutschen linksbürgerlichen Kultur, S. 17, 84–85.

29 AdsD, NL Mestitz, Mappe 9, Anmerkungen zu meinem Leben, Zweite, ergänzte Fassung, 1988, S. 69–70.

30 AdsD, NL Mestitz, Mappe 9, Anmerkungen zu meinem Leben, Zweite, ergänzte Fassung, 1988, S. 65.

31 AdsD, NL Mestitz, Mappe 9, Anmerkungen zu meinem Leben, Zweite, ergänzte Fassung, 1988, S. 68.

32 *Hoensch*, Geschichte der Tschechoslowakei, S. 121; *Lammich*, Die Verfassung der Tschechoslowakei, S. 23.

33 *Lammich*, Die Verfassung der Tschechoslowakei, S. 25; *Hoensch*, Geschichte der Tschechoslowakei, S. 129, 155.

Mestitz nannte sich selbst den „Typus des linientreuen, aber nicht bornierten Staats- und Parteifunktionärs auf gehobener Ebene“[34]. Er wirkte in Fachkommissionen der KPTsch mit und nahm aktiv an Parteiversammlungen teil. Mestitz trug dazu bei, dass die KPTsch ihre Macht in der Tschechoslowakei festigte und ausbaute[35]. Rückblickend bezeichnete er den Parteibeitritt 1946 als eine „Fehlleistung“ in seinem „Denken und Tun“[36]. Hinsichtlich seiner Mitgliedschaft in der KPTsch räumte er selbstkritisch in seinen Lebenserinnerungen ein:

> „Kein Zweifel: der kritische Blick war getrübt, in manchem bis zur Blindheit. Nicht durch die Faszination der Teilhabe an der Macht, aber durch die Faszination, etwas bewegen zu können bei der Verwirklichung dessen, was mir immer theoretisch und sehr abstrakt als Ziel vorgeschwebt hatte und was nun eine konkrete, handgreifliche Möglichkeit zu sein schien. Und diese Faszination ließ mich, der ich mit Vorbehalten in die KP eingetreten war, z.B. das Prinzip der führenden Rolle der Partei akzeptieren, einer straff organisierten Kaderpartei, die schon damals eine unkontrollierte und unkontrollierbare Macht auszuüben begann.“[37]

IV. „Kommissariat für Industrie und Gewerbe“ sowie „Kommissariat für Arbeit und Soziales“

Mestitz trat 1945 in das „Kommissariat für Industrie und Gewerbe“ ein. Zu seinen Aufgaben gehörten die „Vorbereitung eines neuen Betriebsrätegesetzes“ und die „Verstaatlichung von Unternehmen“. Dies betraf auch die slowakischen Filialen von Siemens und Dynamit Nobel. Mit der „Verstaatlichung von Unternehmen“ widmete sich Mestitz politischen Aufgaben[38]. Nach einem Dekret des Präsidenten vom 19. Mai 1945 übernahm der Staat die Verwaltung des Vermögens von Deutschen in der Tschechoslowakei[39]. Landwirtschaftliche

34 AdsD, NL Mestitz, Mappe 9, Anmerkungen zu meinem Leben, Zweite, ergänzte Fassung, 1988, S. 74.

35 AdsD, NL Mestitz, Mappe 9, Anmerkungen zu meinem Leben, Zweite, ergänzte Fassung, 1988, S. 71.

36 AdsD, NL Mestitz, Mappe 9, Anmerkungen zu meinem Leben, Zweite, ergänzte Fassung, 1988, S. 70.

37 AdsD, NL Mestitz, Mappe 9, Anmerkungen zu meinem Leben, Zweite, ergänzte Fassung, 1988, S. 73.

38 AdsD, NL Mestitz, Mappe 9, Anmerkungen zu meinem Leben, Zweite, ergänzte Fassung, 1988, S. 69.

39 Dekret des Präsidenten der Republik vom 19. Mai 1945 über die Ungültigkeit einiger vermögensrechtlicher Rechtsgeschäfte aus der Zeit der Unfreiheit und über die nationale Verwaltung der Vermögenswerte der Deutschen, der Madjaren, der Verräter und Kollaboranten und einiger Organisationen und Anstalten, in: Die Vertreibung der Deutschen Bevölkerung aus der Tschechoslowakei, S. 204–210; *Hoensch*, Geschichte der

Güter von Deutschen konfiszierte der tschechische Staat ohne Entschädigung am 21. Juni 1945[40]. Am 25. Oktober 1945 enteignete der Staat das Vermögen von Deutschen entschädigungslos[41]. Dekrete von Beneš zur Verstaatlichung aller Großbetriebe, Bergwerke, Banken und Versicherungen ergingen am 9. September und 24. Oktober 1945. 57,7 Prozent aller Unternehmen in der Tschechoslowakei befanden sich fortan im Eigentum des Staates[42].

Mestitz war von 1947 bis 1950 „Chef des Kabinetts" des „Kommissars für Arbeit und Soziales". Seine Position konnte nach seinen eigenen Angaben mit der Stellung eines Staatssekretärs verglichen werden. Eine Aufgabe von Mestitz bestand darin, die sozialen Unterschiede aufgrund des Lohngefälles zwischen Böhmen und Mähren sowie der Slowakei zu beseitigen[43]. Mestitz widmete sich zudem der Vereinheitlichung der Sozialversicherung, der Gewerbeaufsicht, der Einrichtung eines arbeitsmedizinischen Dienstes und dem Aufbau einer Arbeitsverwaltung[44].

V. Etablierung einer „Volksdemokratie"

Im Februar 1948 kam es nach einem Rücktritt der Minister der bürgerlichen Parteien zu einer „Staatskrise" in der Tschechoslowakei[45]. Nach dem Rücktritt von Staatspräsident Beneš, der die Unterschrift unter eine neue „volksdemokratische Verfassung" verweigerte[46], übernahm Gottwald das Amt des Präsi-

Tschechoslowakei, S. 127; *Lammich*, Die Verfassung der Tschechoslowakei, S. 44; *Pokštefl*, Verfassungs- und Regierungssystem der ČSSR, S. 19.

40 Dekret des Präsidenten der Republik vom 21. Juni 1945 über die Konfiskation und beschleunigte Aufteilung des landwirtschaftlichen Vermögens der Deutschen, Madjaren, wie auch der Verräter und Feinde des tschechischen und des slowakischen Volkes, in: Die Vertreibung der Deutschen Bevölkerung aus der Tschechoslowakei, S. 225–230; *Hoensch*, Geschichte der Tschechoslowakei, S. 127.

41 Dekret des Präsidenten der Republik vom 25. Oktober 1945 über die Konfiskation des feindlichen Vermögens und die Fonds der nationalen Erneuerung, in: Die Vertreibung der Deutschen Bevölkerung aus der Tschechoslowakei, S. 263–275; *Hoensch*, Geschichte der Tschechoslowakei, S. 128.

42 *Hoensch*, Geschichte der Tschechoslowakei, S. 128; *Pokštefl*, Verfassungs- und Regierungssystem der ČSSR, S. 19.

43 AdsD, NL Mestitz, Mappe 9, Anmerkungen zu meinem Leben, Zweite, ergänzte Fassung, 1988, S. 71–72; *Rasehorn*, Der Untergang der deutschen linksbürgerlichen Kultur, S. 17, 84–85.

44 AdsD, NL Mestitz, Mappe 9, Anmerkungen zu meinem Leben, Zweite, ergänzte Fassung, 1988, S. 72.

45 *Hoensch*, Geschichte der Tschechoslowakei, S. 136–137; *Pokštefl*, Verfassungs- und Regierungssystem der ČSSR, S. 22–23.

46 *Bahlcke*, Geschichte Tschechiens, S. 108.

denten der Tschechoslowakei[47]. Eine Gewaltenteilung existierte nicht mehr. Die Rechtsprechung folgte dem „sowjetischen Vorbild“. Ein strenger Zentralismus herrschte im Staat[48]. Die Tschechoslowakei bildete nach der „Staatskrise“ im Februar 1948 eine „stalinistische Volksdemokratie“[49] mit einem „Einparteiensystem stalinistischen Typs“[50]. Die tschechische Verfassung vom 9. Mai 1948[51] sicherte die „absolute Vormachtstellung der KPTsch“ ab[52]. Die „slowakische Sektion“ der KPTsch gliederte sich im September 1948 vollständig in die KPTsch ein[53]. Es folgten riesige „Entlassungswellen“ im öffentlichen Dienst, an Universitäten, in Verbänden sowie Unternehmen und Redaktionen von Zeitungen. Menschen wurden in Lager verschleppt und einer „Umerziehung unterworfen“[54].

Mestitz trafen die Zwangsmaßnahmen nach der „Staatskrise“ nicht. Er reiste im Sommer 1948 in die USA und traf in New York Carl Mayer, der wenig Verständnis für die Tätigkeit von Mestitz in der Tschechoslowakei zeigte. Mestitz ging davon aus, dass aufgrund seines beruflichen Engagements in der Tschechoslowakei die „Freundschaft“ zwischen ihm und Mayer „zerstört“ sei[55].

VI. Habilitation und Professor an der Comenius-Universität

Mestitz schloss 1949 sein Habilitationsverfahren im Arbeitsrecht an der Comenius-Universität in Bratislava ab und erhielt aufgrund seiner bisherigen Schriften die Venien für Staats-, Verwaltungs- sowie Arbeitsrecht. Mestitz wurde 1950 Professor für Arbeitsrecht an der Comenius-Universität[56]. Eine

---

47 *Bahlcke*, Geschichte Tschechiens, S. 108, 122.

48 *Hoensch*, Geschichte der Tschechoslowakei, S. 143.

49 *Hoensch*, Geschichte der Tschechoslowakei, S. 138.

50 *Pokštefl*, Verfassungs- und Regierungssystem der ČSSR, S. 24.

51 Verfassungsgesetz vom 9. Mai 1948. Die Verfassung der Tschechoslowakischen Republik. In der Sammlung der Gesetze und Verordnungen der Tschechoslowakischen Republik kundgemacht am 9. Juni 1948 unter Nr. 150; *Lammich*, Die Verfassung der Tschechoslowakei, S. 13; *Pokštefl*, Verfassungs- und Regierungssystem der ČSSR, S. 24.

52 *Hoensch*, Geschichte der Tschechoslowakei, S. 141.

53 *Hoensch*, Geschichte der Tschechoslowakei, S. 144, 155.

54 *Hoensch*, Geschichte der Tschechoslowakei, S. 139–140.

55 AdsD, NL Mestitz, Mappe 9, Anmerkungen zu meinem Leben, Zweite, ergänzte Fassung, 1988, S. 41 Anm. 8.

56 AdsD, NL Mestitz, Mappe 9, Anmerkungen zu meinem Leben, Zweite, ergänzte Fassung, 1988, S. 72–73, 140, 154 Anm. 13. Der Habilitationsvortrag von Mestitz befasste sich mit dem Verhältnis und dem Zusammenspiel von „Arbeitsrecht und Sozialpolitik“. Privatbesitz Jan Taussig, Lebenslauf Franz Mestitz 4. September 1972; *Rasehorn*, Der

„einheitliche Regelung des Arbeitsrechts" bestand zu diesem Zeitpunkt in der Tschechoslowakei nicht[57], es herrschte eine „Zersplitterung". Das am 1. Januar 1951 in Kraft getretene „Bürgerliche Gesetzbuch" enthielt keine arbeitsrechtlichen Normen[58]. Es dominierten „öffentlich-rechtliche Elemente" im Arbeitsrecht. Deutlich wurde dies an der staatlichen „Arbeitskräftelenkung", der „Arbeitspflicht" und der Festsetzung der Löhne durch den Staat[59].

Die Comenius-Universität, an der Mestitz lehrte, war im Jahre 1919 gegründet worden und eröffnete ihren Vorlesungsbetrieb im Wintersemester 1919/1920[60]. Allerdings nahm im Wintersemester 1919/1920 zunächst nur die medizinische Fakultät den Vorlesungsbetrieb auf[61]. Der Vorlesungsbetrieb an der juristischen Fakultät unter dem slowakischen Dekan Augustín Ráth begann im Wintersemester 1921/1922[62]. Die Comenius-Universität stellte ein „intellektuelles Zentrum von großem Gewicht"[63] sowie einen Mittelpunkt für „Bildung und Wissenschaft" in der Slowakei dar[64]. Der Vorlesungsbetrieb nach dem Zweiten Weltkrieg begann am 4. Juni 1945. Bilder von Stalin und Beneš hingen fortan in den Hörsälen der Universität[65]. Richtlinien der KPTsch bestimmten die Ausgestaltung des Universitätsbetriebs[66]. Die Studiengänge folgten einem „sowjetischen Modell"[67] und es fanden auf Basis des „Kaschauer Programms"

Untergang der deutschen linksbürgerlichen Kultur, S. 85; *von Borries-Pusback*, Keine Hochschule für den Sozialismus, S. 43 Fn. 103.

57 *Ladislav Vojáček*. Arbeitsrecht, in: ders. / Karel Schelle / Jaromír Tauchen (Hrsg.), Die Entwicklung des tschechischen Privatrechts (Juristische Fakultät der Masaryk-Universität, Bd. 394), Brno 2011, S. 204–237, hier S. 204, 207–211, 214.

58 *Vojáček*. Arbeitsrecht, S. 229.

59 *Vojáček*. Arbeitsrecht, S. 229–231.

60 *Engemann*, Die Slowakisierung Bratislavas, S. 81. Siehe allgemein zur Geschichte des Hochschulwesens in der Slowakei: Vladimír Michalička / Daniela Vaněková, Die Entwicklung des Hochschulwesens in den Jahren 1945–1989. Historische Einleitung, in: Beata Blehova / Peter Bachmair (Hrsg.), Die Bildungs-, Wissenschafts- und Kulturpolitik in der Slowakei 1945–2004 (St. Pöltner Osteuropa Studien, Bd. 2), Frankfurt am Main / Berlin / Bruxelles / New York / Oxford / Wien 2004, S. 75–93, hier S. 75. Der Beginn der „Hochschultradition" in der Slowakei lag in der 1465 in Bratislava gegründeten Academia Istropolitana.

61 *Engemann*, Die Slowakisierung Bratislavas, S. 86.

62 *Engemann*, Die Slowakisierung Bratislavas, S. 92, 100.

63 AdsD, NL Mestitz, Mappe 9, Anmerkungen zu meinem Leben, Zweite, ergänzte Fassung, 1988, S. 98.

64 *Michalička / Vaněková*, Die Entwicklung des Hochschulwesens in den Jahren 1945–1989, S. 79.

65 *Engemann*, Die Slowakisierung Bratislavas, S. 119–121.

66 *Hoensch*, Geschichte der Tschechoslowakei, S. 141.

67 *Engemann*, Die Slowakisierung Bratislavas, S. 128.

„Überprüfungen zur nationalen, staatlichen und volksdemokratischen Verlässlichkeit" der Studierenden und des Personals statt[68]. Zum Universitätsbetrieb für die Dozenten spätestens seit 1948 gehörten „ideologische Schulungen" im Sinne des Kommunismus[69] zur „Durchsetzung der marxistisch-leninistischen Ideologie"[70]. Spätestens seit 1948 erfolgte eine „Säuberung" der Universitäten von „unzuverlässigen Elementen"[71] unter der „Führung von Kommunisten"[72]. Dies betraf Studierende und Dozenten[73]. Das Ziel bildete eine „Uniformierung des Bildungsbetriebs" und eine „strenge Kontrolle" über das Hochschulwesen[74]. Das tschechoslowakische Hochschulgesetz vom 18. Mai 1950 führte zu einer deutlichen Einschränkung der akademischen Selbstverwaltung[75] in der Tschechoslowakei und einer Ausrichtung der Universität „nach dem Vorbild der … sowjetischen Wissenschaft"[76]. Ziel des Gesetzes war es, „fachlich und politisch qualifizierte akademische Arbeitskräfte auszubilden, die der volksdemokratischen Republik treu und der Idee des Sozialismus ergeben sind, die kreativ wissenschaftlich und künstlerisch arbeiten und bei der Verbreitung von Wissenschaft und Kunst im Volk mitarbeiten"[77].

Die Jahre ab 1948 in der Tschechoslowakei erachtete Mestitz im Nachhinein als nicht „günstig für eine echte Rechtswissenschaft"[78]. Er kritisierte die „Abkapselung von der 'bourgeoisen' Rechtswissenschaft" in der Tschechoslowakei und

---

68 *Michalička / Vaněková*, Die Entwicklung des Hochschulwesens in den Jahren 1945–1989, S. 81.

69 *Engemann*, Die Slowakisierung Bratislavas, S. 127.

70 *Miroslav Morovics*, Die Hauptprobleme der Wissenschaft und Forschung in der Periode 1945–1989, in: Beata Blehova / Peter Bachmair (Hrsg.), Die Bildungs-, Wissenschafts- und Kulturpolitik in der Slowakei 1945–2004 (St. Pöltner Osteuropa Studien, Bd. 2), Frankfurt am Main / Berlin / Bruxelles / New York / Oxford / Wien 2004, S. 123–158, hier S. 132.

71 *Hoensch*, Geschichte der Tschechoslowakei, S. 147.

72 *Michalička / Vaněková*, Die Entwicklung des Hochschulwesens in den Jahren 1945–1989, S. 81.

73 *Hoensch*, Geschichte der Tschechoslowakei, S. 147; *Michalička / Vaněková*, Die Entwicklung des Hochschulwesens in den Jahren 1945–1989, S. 81.

74 *Michalička / Vaněková*, Die Entwicklung des Hochschulwesens in den Jahren 1945–1989, S. 82; Morovics, Die Hauptprobleme der Wissenschaft und Forschung in der Periode 1945–1989, S. 123.

75 *Engemann*, Die Slowakisierung Bratislavas, S. 128; *Michalička / Vaněková*, Die Entwicklung des Hochschulwesens in den Jahren 1945–1989, S. 83.

76 *Hoensch*, Geschichte der Tschechoslowakei, S. 148.

77 *Michalička / Vaněková*, Die Entwicklung des Hochschulwesens in den Jahren 1945–1989, S. 82–83.

78 AdsD, NL Mestitz, Mappe 9, Anmerkungen zu meinem Leben, Zweite, ergänzte Fassung, 1988, S. 141.

die „Orientierung auf die sowjetische Rechtswissenschaft“[79]. Mestitz ging von einer „stalinistischen Deformation“ der Rechtswissenschaften in der Sowjetunion aus[80]. Er beklagte ein „niedriges wissenschaftliches Niveau“ in der Tschechoslowakei im „Vergleich mit der bürgerlichen Wissenschaft“[81]. Die Rechtswissenschaften der Nachkriegszeit in der Tschechoslowakei nannte er eine „unkritische Legitimationswissenschaft“ für die „Bedürfnisse der Staatsmacht und damit die Politik der Partei“[82].

Mestitz beklagte die am sowjetischen Vorbild ausgerichtete Trennung von Forschung und Lehre in der Tschechoslowakei. Die Aufgabe für die Forschung übernahmen in der Tschechoslowakei in erster Linie die Akademie der Wissenschaften mit Instituten in Prag und Bratislava sowie den unterschiedlichen Ministerien nachgeordnete Forschungsinstitute[83]. Die Lehre blieb den Universitäten überlassen. Die Folge der Trennung von Forschung und Lehre bildete nach Mestitz eine „Verarmung und ein ungenügendes Niveau der Hochschularbeit“ sowie deren „Verschulung, da zumindest tendenziell die Universität zu einer Fachschule höheren Grades wurde“[84].

Zu den „Grundfragen der marxistischen Rechtstheorie“ gehörten für Mestitz das „Verhältnis zwischen realer Basis und rechtlichem Überbau“[85]. Die Zivilrechtstheorie in der Sowjetunion bemühte sich nach Mestitz, die „Probleme juristisch zu verarbeiten, die der Prozeß einer revolutionären Umgestaltung des gesamten Gesellschaftsgefüges und des Aufbaus einer neuen Gesellschaft auf der Ebene

79 AdsD, NL Mestitz, Mappe 9, Anmerkungen zu meinem Leben, Zweite, ergänzte Fassung, 1988, S. 142.

80 AdsD, NL Mestitz, Mappe 9, Anmerkungen zu meinem Leben, Zweite, ergänzte Fassung, 1988, S. 143.

81 AdsD, NL Mestitz, Mappe 9, Anmerkungen zu meinem Leben, Zweite, ergänzte Fassung, 1988, S. 141.

82 AdsD, NL Mestitz, Mappe 9, Anmerkungen zu meinem Leben, Zweite, ergänzte Fassung, 1988, S. 141–142.

83 AdsD, NL Mestitz, Mappe 9, Anmerkungen zu meinem Leben, Zweite, ergänzte Fassung, 1988, S. 142; *Bahlcke*, Geschichte Tschechiens, S. 110; *Hoensch*, Geschichte der Tschechoslowakei, S. 148; *Morovics*, Die Hauptprobleme der Wissenschaft und Forschung in der Periode 1945–1989, S. 124, 129.

84 AdsD, NL Mestitz, Mappe 9, Anmerkungen zu meinem Leben, Zweite, ergänzte Fassung, 1988, S. 142.

85 *Franz Mestitz*, Rezension zu: Norbert Reich, Sozialismus und Zivilrecht. Eine rechtstheoretisch-rechtshistorische Studie zur Zivilrechtstheorie und Kodifikationspraxis im sowjetischen Gesellschafts- und Rechtssystem, Frankfurt am Main 1972, in: Archiv für die civilistische Praxis 176 (1976), S. 80–90, hier S. 81.

des Rechts aufwarf"[86]. Mestitz zeigte, dass die sowjetische Zivilrechtstheorie eine „besonders intensive und dezidierte Realitätsnähe und Praxisbezogenheit" aufwies und einer „Erhaltung und Festigung des Herrschaftssystems" diente[87]. Er bezeichnete die sowjetische Zivilrechtstheorie als eine „unkritische Legitimationswissenschaft"[88]. Die entsprach seiner geschilderten Einschätzung hinsichtlich der Stellung der Rechtswissenschaften in der Tschechoslowakei.

Trotz seiner Kritik an der Sowjetunion und der Ausgestaltung des tschechischen Hochschulwesens entfaltete Mestitz umfassende Aktivitäten in der Hochschulpolitik. Er wirkte dabei mit, das von der „österreichisch-deutschen Hochschultradition" geprägte Hochschulsystem nach „sowjetischem Muster umzumodeln"[89].

VII. Entlassung als Professor

Im Jahre 1952 kam es in der Tschechoslowakei zum – so die offizielle Sprache – „Prozess gegen die Führung des staatsfeindlichen Verschwörungszentrums mit Rudolf *Slánský* an der Spitze". Rudolf Slánský (1901–1952)[90] war bis September 1951 Generalsekretär der KPTsch und wurde Ende November 1951 verhaftet. Der Prozess richtete sich gegen „kommunistische Funktionäre". Es handelte sich um einen kommunistischen „Schauprozess". 14 Menschen waren in dem Prozess angeklagt. Die Vorwürfe der Anklage lauteten „Aufbau eines konkurrierenden Machtzentrums", „fehlerhafte Kaderpolitik", „Zionismus", „jüdisch-bürgerlicher Nationalismus" und „jüdischer Imperialismus". Die Staatsanwaltschaft betonte in der Anklage, dass Slánský „jüdischer Abstammung" sei[91]. Alle Angeklagten bekannten sich nach Folterungen zu ihrer angeblichen Schuld. Elf Angeklagte verurteilte das Gericht

---

86 *Mestitz*, Rezension zu: Norbert Reich, Sozialismus und Zivilrecht. S. 88. „Ihr theoretisches Denken" machte die Zivilrechtstheorie in der Sowjetunion – so Mestitz – „den Anforderungen einer revolutionären Situation dienstbar", „weil sie in einer umfassenden Gesellschaftstheorie verwurzelt war".

87 *Mestitz*, Rezension zu: Norbert Reich, Sozialismus und Zivilrecht, S. 89.

88 *Mestitz*, Rezension zu: Norbert Reich, Sozialismus und Zivilrecht, S. 90.

89 AdsD, NL Mestitz, Mappe 9, Anmerkungen zu meinem Leben, Zweite, ergänzte Fassung, 1988, S. 76.

90 *Jan Gerber*, Ein Prozess in Prag. Das Volk gegen Rudolf Slánský und Genossen (Schriften des Simon-Dubnow-Instituts, Bd. 26), Göttingen 2016; *Igor Lukes*, Der Fall Slánský. Eine Exilorganisation und das Ende des tschechoslowakischen Kommunistenführers 1952, in: Vierteljahreshefte für Zeitgeschichte 47 (1999), S. 459–501.

91 *Ines Koeltzsch*, Slánský-Prozess, in: Wolfgang Benz (Hrsg.), Handbuch des Antisemitismus, Bd. 4, Ereignisse, Dekrete, Kontroversen, Berlin / Boston 2011, S. 386–387, hier S. 386; *Hoensch*, Geschichte der Tschechoslowakei, S. 155–157.

zum Tode und drei Angeklagte erhielten eine lebenslange Haftstrafe. Die zum Tode verurteilten Angeklagten wurde kurz nach der Urteilsverkündung hingerichtet[92]. Während der Prozesse trat bei den Richtern und Staatsanwälten offener Antisemitismus zutage[93]. Juden galten in der Tschechoslowakei Ende der 1940er-Jahre und zu Beginn der 1950er-Jahre als „Fremde" und „Kapitalisten". Sie standen einer „nationalen und sozialen Homogenisierung" der Gesellschaft angeblich entgegen[94]. Im Zuge des „Slánský-Prozesses" wurden zahlreiche Juden aus ihren beruflichen „Stellungen entfernt"[95]. Die „neue Aktualität des Antisemitismus" bezeichnete Mestitz als „eine der schlimmsten und bittersten Enttäuschungen"[96]. Er bemerkte:

> „Ich erinnere mich, wie bestürzend es war, als wir im Rundfunk hörten, wie in den Prozessen bei den meisten Namen der Angeklagten bei der Verlesung der Anklageschrift hinzugefügt wurde: 'Jude', und wie Richter und Staatsanwälte offen und geradeheraus antisemitisch argumentierten."[97]

Mestitz fühlte sich persönlich bedroht und erklärte im Rückblick:

> „Es begann die Zeit, wo man erschrak, wenn es an der Tür klingelte, und man befreit aufatmete, wenn es nur der Postbote war."[98]

Die Staatssicherheit bespitzelte Mestitz und unterzog ihn 1952 einem langen nächtlichen Verhör. Sie hielt ihm die Freundschaft mit einem „jüdischen Gewerkschafter", der angeblich ein Spion war, vor[99]. Gegen Mestitz im Jahre 1952 eingeleitete strafrechtliche Ermittlungen wurden wieder eingestellt[100]. Das „Zentralsekretariat der Partei" warf Mestitz, der in den Jahren 1950/51 und 1951/52 Dekan der rechtswissenschaftlichen Fakultät war, „Zersetzung

---

92 *Koeltzsch*, Slánský-Prozess, S. 386.

93 AdsD, NL Mestitz, Mappe 9, Anmerkungen zu meinem Leben, Zweite, ergänzte Fassung, 1988, S. 34; *Koeltzsch*, Slánský-Prozess, S. 386; *Rasehorn*, Der Untergang der deutschen linksbürgerlichen Kultur, S. 86.

94 *Koeltzsch*, Slánský-Prozess, S. 386.

95 *Hoensch*, Geschichte der Tschechoslowakei, S. 156.

96 AdsD, NL Mestitz, Mappe 9, Anmerkungen zu meinem Leben, Zweite, ergänzte Fassung, 1988, S. 31.

97 AdsD, NL Mestitz, Mappe 9, Anmerkungen zu meinem Leben, Zweite, ergänzte Fassung, 1988, S. 33–34.

98 AdsD, NL Mestitz, Mappe 9, Anmerkungen zu meinem Leben, Zweite, ergänzte Fassung, 1988, S. 77.

99 AdsD, NL Mestitz, Mappe 9, Anmerkungen zu meinem Leben, Zweite, ergänzte Fassung, 1988, S. 35.

100 AdsD, NL Mestitz, Mappe 9, Anmerkungen zu meinem Leben, Zweite, ergänzte Fassung, 1988, S. 44 Anm. 18.

der Fakultät", „Kosmopolitismus" und „Westlertum" vor[101]. Die Feindschaft gegenüber Mestitz beruhte auf Antisemitismus[102]. Mestitz wurde 1952 aus der KPTsch ausgeschlossen und als Hochschullehrer entlassen[103]. Ihn traf ein Publikationsverbot[104]. „Hass und blinde Verdächtigungen" schlugen Mestitz entgegen[105]. Gegen seinen Parteiausschluss wehrte sich Mestitz vergeblich mit rechtlichen Mitteln[106]. Mestitz war einer von etwa 150.000 Menschen, die zu diesem Zeitpunkt der Ausschluss aus der KPTsch traf[107].

VIII. Tätigkeit als Bibliothekar

Der Ausschluss aus der KPTSch und die Entlassung als Hochschullehrer zerstörten die berufliche Existenz von Mestitz[108], der nach seiner Entlassung zunächst in der Baubranche und schließlich ab 1954 bis zu seiner Rehabilitierung 1964 als Bibliothekar bzw. Oberbibliothekar in der Universitätsbibliothek in Bratislava arbeitete[109]. Die Bibliotheken in der Tschechoslowakei standen vor enormen Schwierigkeiten bei der Beschaffung von Literatur aus den „westlichen Ländern", da die Staatsführung und die KPTsch die Anschaffung entsprechender Werke nicht gestatteten[110]. Mestitz verfasste 1960 eine Unter-

---

101 AdsD, NL Mestitz, Mappe 9, Anmerkungen zu meinem Leben, Zweite, ergänzte Fassung, 1988, S. 35–36; *Rasehorn*, Der Untergang der deutschen linksbürgerlichen Kultur, S. 86; Goethe-Universität Frankfurt am Main, Universitätsarchiv, Bestand Abt. 114 Nr. 108, Blatt 52, Curriculum vitae.

102 AdsD, NL Mestitz, Mappe 9, Anmerkungen zu meinem Leben, Zweite, ergänzte Fassung, 1988, S. 36.

103 AdsD, NL Mestitz, Mappe 9, Anmerkungen zu meinem Leben, Zweite, ergänzte Fassung, 1988, S. 34–35, 78; *Rasehorn*, Der Untergang der deutschen linksbürgerlichen Kultur, S. 17, 85.

104 Goethe-Universität Frankfurt am Main, Universitätsarchiv, Bestand Abt. 114 Nr. 108, Blatt 1, *Manfred Weiss*, Franz Mestitz gestorben. Engagement und Lebensmut, in: Uni Report 23. November 1994.

105 Siehe allgemein ohne konkreten Bezug zu Mestitz: *Hoensch*, Geschichte der Tschechoslowakei, S. 157.

106 AdsD, NL Mestitz, Mappe 9, Anmerkungen zu meinem Leben, Zweite, ergänzte Fassung, 1988, S. 36.

107 *Rasehorn*, Der Untergang der deutschen linksbürgerlichen Kultur, S. 86.

108 *Rasehorn*, Der Untergang der deutschen linksbürgerlichen Kultur, S. 86.

109 AdsD, NL Mestitz, Mappe 9, Anmerkungen zu meinem Leben, Zweite, ergänzte Fassung, 1988, S. 78–80; Privatbesitz Jan Taussig, Lebenslauf Franz Mestitz 4. September 1972; *von Borries-Pusback*, Keine Hochschule für den Sozialismus, S. 43 Fn. 103; *Rasehorn*, Der Untergang der deutschen linksbürgerlichen Kultur, S. 17, 87.

110 *Morovics*, Die Hauptprobleme der Wissenschaft und Forschung in der Periode 1945–1989, S. 142.

suchung über das tschechoslowakische „Gesetz über ein einheitliches System von Bibliotheken“ (Bibliotheksgesetz) aus dem Jahre 1959[111]. In der Tschechoslowakei existierten als „Volksbibliotheken“ Ortsbibliotheken, Bezirksbibliotheken und Kreisbibliotheken. An der „Spitze“ dieses „ganzen einheitlichen Systems“ stand die „Staatsbibliothek der Tschechoslowakischen Republik“[112]. Mestitz bemühte sich als Bibliothekar um die Beschaffung von Literatur aus der Bundesrepublik Deutschland, Italien und Frankreich. Eine Möglichkeit dazu in einem eingeschränkten Maße bot der internationale Leihverkehr von Büchern[113]. Aus Frankfurt am Main bestellte Mestitz sich das von Spiros Simitis (1934–2023)[114] verfasste Werk „Die faktischen Vertragsverhältnisse“[115].

Nicht als Hochschullehrer tätig sein zu dürfen empfand Mestitz als „frustrierend“, „unbefriedigend“ und „quälend“[116]. In der Universitätsbibliothek Bratislava sah er nach eigenen Angaben einen Teil seiner „marxistischen Bücher“ wieder, die er der Bibliothek 1938 geschenkt hatte, um sie dem „faschistischen Zugriff zu entziehen“[117].

Mestitz stand als Bibliothekar ab 1963 in Kontakt mit Jörg Hoensch (1935–2001)[118], der zu diesem Zeitpunkt in Tübingen Forschungen zur osteuropäischen Geschichte durchführte. Mestitz ließ Hoensch im Jahre 1963 Mikrofilme aus der Universitätsbibliothek in Bratislava zukommen. Hoensch bemerkte dazu:

> „Die Auszüge besitzen für mich einen sehr großen Wert und ich möchte Ihnen, hochverehrter Herr Dr. Mestitz, aus ganzem Herzen für Ihr großes Entgegenkommen und Ihre so wertvolle Mithilfe bei der Beschaffung der Filme danken. Ohne Ihre persönliche Fürsprache wäre mir das Material sicher nicht so schnell – oder vielleicht auch überhaupt nicht – zugänglich gemacht worden. Wenn Sie irgend-

---

111 *Franz Mestitz*, Das neue tschechoslowakische Bibliotheksgesetz, in: Zentralblatt für Bibliothekswesen 74 (1960), S. 7–28.

112 *Mestitz*, Das neue tschechoslowakische Bibliotheksgesetz, S. 16.

113 AdsD, NL Mestitz, Mappe 9, Anmerkungen zu meinem Leben, Zweite, ergänzte Fassung, 1988, S. 144.

114 *Heribert Prantl*, Nachruf. Der Pfadfinder des globalen Datenschutzes, in: Süddeutsche Zeitung vom 20.2.2023, https://www.sueddeutsche.de/politik/simitis-tod-datenschutz-hessen-1.5772352.

115 AdsD, NL Mestitz, Mappe 9, Anmerkungen zu meinem Leben, Zweite, ergänzte Fassung, 1988, S. 155 Anm. 19; *Spiros Simitis*, Die faktischen Vertragsverhältnisse als Ausdruck der gewandelten sozialen Funktion der Rechtsinstitute des Privatrechts, Frankfurt am Main 1957.

116 AdsD, NL Mestitz, Mappe 9, Anmerkungen zu meinem Leben, Zweite, ergänzte Fassung, 1988, S. 147.

117 AdsD, NL Mestitz, Mappe 9, Anmerkungen zu meinem Leben, Zweite, ergänzte Fassung, 1988, S. 114 Anm. 9.

118 http://www.saarland-biografien.de/frontend/php/ergebnis_detail.php?id=3064.

> welche Wünsche bei der Beschaffung von Publikationen haben, die ich Ihnen erfüllen könnte, dann lassen Sie mich das doch bitte wissen. Es wird mir eine Freude sein, sofort Ihre Wünsche zu erfüllen."[119]

Hoensch schickte Mestitz auf dessen Bitte hin im Gegenzug Kopien von Aufsätzen von Heinrich Kronstein (1897–1972), der zwischen 1956 und 1967 ordentlicher Professor an der Juristischen Fakultät bzw. am Fachbereich Rechtswissenschaften der Goethe-Universität war[120], zu[121]. Hoensch war bis 1971 Assistent am Institut für Osteuropäische Geschichte und Landeskunde an der Eberhard-Karls-Universität Tübingen, wo er 1970 habilitierte. 1972 übernahm er einen Lehrstuhl für Osteuropäische Geschichte an der Universität des Saarlandes[122]. Sein 1992 in dritter Auflage erschienenes Buch über die „Geschichte der Tschechoslowakei" bildet das Standardwerk auf diesem Gebiet der Forschung[123].

Die „Stadtgewerkschaft" in Bratislava berief Mestitz während der Zeit als Bibliothekar in eine „Arbeitsrechtskommission", die er zehn Jahre leitete. In dieser Position ging es ihm um den Ausbau der „Verrechtlichung der Arbeitsbeziehungen", die „Rechtsstellung der Betriebsvertretungen", die „Gestaltung von Kollektivverträgen", den „Rechtsschutz durch Arbeitsgerichte" sowie die Durchsetzung eines „gesetzlichen Anspruchs auf Urlaub"[124]. Eine eigentliche Arbeitsgerichtsbarkeit existierte in der Tschechoslowakei nicht[125]. Über Rechtsstreitigkeiten auf dem Gebiet des Arbeitsrechts entschied ein „Organ der Gewerkschaft" oder ein ordentliches Gericht. Das Ziel des „Organs der Gewerkschaft" bildete nach Mestitz in erster Linie eine Beilegung des Streits durch Vergleich. Mestitz beklagte die mangelnde „Qualität der Entscheidungsorgane und ihrer Entscheidungen" aufgrund „ungenügender juristischer Fachkenntnisse des Organs". Er kritisierte zudem eine fehlende Unabhängigkeit des „Organs der Gewerkschaft"[126]. Für Betriebsräte und Arbeitnehmer hielt

119 AdsD, NL Mestitz, Mappe 1/2, Brief Hoensch an Mestitz, 8. März 1963.

120 *Michael Stolleis*, Kronstein, Heinrich, in: Frankfurter Personenlexikon (Onlineausgabe), https://frankfurter-personenlexikon.de/node/7107.

121 AdsD, NL Mestitz, Mappe 1/2, Brief Hoensch an Mestitz, 8. April 1963.

122 http://www.saarland-biografien.de/frontend/php/ergebnis_detail.php?id=3064.

123 *Jörg Hoensch*, Geschichte der Tschechoslowakei, Stuttgart / Berlin / Köln 1992.

124 AdsD, NL Mestitz, Mappe 9, Anmerkungen zu meinem Leben, Zweite, ergänzte Fassung, 1988, S. 83–84; *Rasehorn*, Der Untergang der deutschen linksbürgerlichen Kultur, S. 88–89.

125 *Franz Mestitz*, Tschechoslowakei. Arbeitsrecht und Wirtschaftslenkung, in: Das Recht der Arbeit Heft 99 (1969), S. 185–191, hier 190. Siehe allgemein: *Lammich*, Die Verfassung der Tschechoslowakei, S. 63–66.

126 *Mestitz*, Tschechoslowakei. Arbeitsrecht und Wirtschaftslenkung, S. 190.

Mestitz Sprechstunden ab, damit sie lernten, „ihre Rechte wahrzunehmen und auszuschöpfen“[127]. Schließlich wurde er „Mitglied des Vorstandes des Stadtgewerkschaftsrates“[128].

IX. Rehabilitierung

Die Verfassung der Tschechoslowakei vom 11. Juli 1960[129] zählte zwar „uneingeschränkt zu den Verfassungen“ kommunistischer Art[130]. In den 1960er Jahren prägte das politische Leben in der Tschechoslowakei aber ein „Liberalisierungs- und Demokratisierungsprozess“[131]. Ein Symbol für diesen Prozess bildete die „Demontage des Prager Stalin-Denkmals“ Ende 1962[132]. Sogenannte „Reformkommunisten“ strebten nach der Schaffung eines Sozialismus mit „menschlichem Antlitz“[133]. Im Rahmen der bestehenden „politischen Ordnung“ erfolgte eine „gewisse Demokratisierung“ im Hochschulwesen[134].

Mestitz wurde 1964 wieder in die kommunistische Partei als Mitglied aufgenommen[135], nachdem er bereits 1955 einen Wiederaufnahmeantrag gestellt hatte, und übernahm erneut einen Lehrstuhl an der Comenius-Universität mit einem Schwerpunkt für „Arbeitsrecht und landwirtschaftliches Genossenschaftsrecht“[136]. Die Rehabilitierung als Mitglied der KPTsch kam für ihn nach eigenen

127 AdsD, NL Mestitz, Mappe 9, Anmerkungen zu meinem Leben, Zweite, ergänzte Fassung, 1988, S. 85; *Rasehorn*, Der Untergang der deutschen linksbürgerlichen Kultur, S. 89.

128 AdsD, NL Mestitz, Mappe 9, Anmerkungen zu meinem Leben, Zweite, ergänzte Fassung, 1988, S. 86.

129 Zur deutschen Übersetzung: Verfassung vom 11.7.1960, ČSSR, in: *Lammich*, Die Verfassung der Tschechoslowakei, S. 71–94. Siehe zudem: *Georg Brunner / Boris Meissner* (Hrsg.), Verfassungen der kommunistischen Staaten, Paderborn / München / Wien / Zürich 1980, S. 420–434.

130 *Lammich*, Die Verfassung der Tschechoslowakei, S. 14.

131 *Schelle / Tauchen*, Grundriss der tschechoslowakischen Rechtsgeschichte, S. 117.

132 *Bahlcke*, Geschichte Tschechiens, S. 110.

133 *Schelle / Tauchen*, Grundriss der tschechoslowakischen Rechtsgeschichte, S. 117; *Bahlcke*, Geschichte Tschechiens, S. 111.

134 *Michalička / Vaněková*, Die Entwicklung des Hochschulwesens in den Jahren 1945–1989, S. 87.

135 AdsD, NL Mestitz, Mappe 9, Anmerkungen zu meinem Leben, Zweite, ergänzte Fassung, 1988, S. 81; *Rasehorn*, Der Untergang der deutschen linksbürgerlichen Kultur, S. 17, 87.

136 AdsD, NL Mestitz, Mappe 9, Anmerkungen zu meinem Leben, Zweite, ergänzte Fassung, 1988, S. 81–82; Goethe-Universität Frankfurt am Main, Universitätsarchiv, Bestand Abt. 114 Nr. 108, Blatt 52, Curriculum vitae; *Rasehorn*, Der Untergang der deutschen linksbürgerlichen Kultur, S. 17. 87.

Aussagen zu „spät“, da es bei ihm „zu einer endgültigen inneren Distanzierung von der Partei gekommen“ war[137]. Dennoch trat er erneut der KPTsch bei.

In verstärktem Maße engagierte sich Mestitz nach eigenen Angaben mittlerweile als „aktiver Sozialist“ in den Gewerkschaften[138], die sich in der Tschechoslowakei im Laufe der 1960er-Jahre zu einem „selbständigen und selbstbewussten Machtfaktor“ entwickelten. Die Gewerkschaften bemühten sich um eine Befreiung von der Steuerung und Beeinflussung von der KPTsch. Ein Ziel der Gewerkschaften bildete die Verwirklichung der Pressefreiheit[139]. Mestitz setzte sich für die „innere Demokratisierung der Gewerkschaften“ ein und forderte eine „Eigenständigkeit der Gewerkschaften und ihrer Politik gegenüber Staat und Partei“[140]. Damit verlangte er einen „Abschied“ von der „Leninschen Theorie und Praxis von der Gewerkschaft als ‘Transmissionsriemen’ für Beschlüsse der Partei- und Staatsorgane“[141]. Die Hauptaufgabe der Gewerkschaften sollte die „Vertretung der Arbeitnehmerinteressen bis zum Streik“ hin bilden[142].

Die Rehabilitierung als Wissenschaftler nannte Mestitz einen „befreienden Umbruch“, da er wieder die Möglichkeit zu wissenschaftlicher Arbeit besaß[143]. Wissenschaftlich untersuchte er die „Bedeutung des Arbeitsrechts für die Wirtschaftslenkung“[144]. Die Aufgabe des Arbeitsrechts bildete nach Mestitz in diesem Zusammenhang die „Lenkung des gesellschaftlichen Arbeitsprozesses“. Außerdem diente das Arbeitsrecht nach der Aussage von Mestitz einer Garantie der „arbeitsrechtlichen Grundrechte der Arbeitenden“ und einer

137 AdsD, NL Mestitz, Mappe 9, Anmerkungen zu meinem Leben, Zweite, ergänzte Fassung, 1988, S. 81–82.

138 AdsD, NL Mestitz, Mappe 9, Anmerkungen zu meinem Leben, Zweite, ergänzte Fassung, 1988, S. 83.

139 o. V., Die tschechoslowakische Arbeiterklasse war 1968 nicht mündig, in: Osteuropa 20 (1970), S. A587-A591, hier S. A587; Internationaler Bund freier Gewerkschaften, Die Tschechoslowakischen Gewerkschaften (1870–1970). Der Prager Frühling – Besetzung und „Normalisierung“ – Folgen, Brüssel 1970, S. 9.

140 AdsD, NL Mestitz, Mappe 9, Anmerkungen zu meinem Leben, Zweite, ergänzte Fassung, 1988, S. 97–98.

141 AdsD, NL Mestitz, Mappe 9, Anmerkungen zu meinem Leben, Zweite, ergänzte Fassung, 1988, S. 98.

142 AdsD, NL Mestitz, Mappe 9, Anmerkungen zu meinem Leben, Zweite, ergänzte Fassung, 1988, S. 98.

143 AdsD, NL Mestitz, Mappe 9, Anmerkungen zu meinem Leben, Zweite, ergänzte Fassung, 1988, S. 147–148. Seine Mitarbeiter wollte Mestitz an „systematische wissenschaftliche Arbeit“ heranführen.

144 *Mestitz*, Tschechoslowakei. Arbeitsrecht und Wirtschaftslenkung, S. 187.

„Überwindung der Interessensgegensätze" in der Gesellschaft[145]. Eine besondere Aufmerksamkeit schenkte er dem „Lohnrecht" und der „Lohnlenkung" zur „Existenzsicherung des arbeitenden Menschen"[146].

Mestitz war Mitglied der „Internationalen Vereinigung für Arbeits- und Sozialrecht"[147] und intensivierte die Zusammenarbeit mit Wissenschaftlern anderer Staaten. Er beschränkte sich nicht auf sozialistische Staaten. Vortragsreisen brachten ihn nach Polen, Ungarn, in die DDR, in die Bundesrepublik Deutschland, nach Österreich, in die Schweiz und nach Italien[148]. Auf seine Einladung hin hielten in Bratislava Eduard Rabofsky (1911–1994) aus Wien[149], Alexandre Berenstein (1909–2000) aus Lausanne-Genf[150] und Karl Heinz Neumayer (1920–2009) von der Julius-Maximilians-Universität Würzburg[151] Vorträge[152]. Einen engen Kontakt pflegte er in der zweiten Hälfte der 1960er-Jahre insbesondere mit Rabofsky[153], der dem österreichischen Widerstand gegen den Nationalsozialismus angehörte und nach 1945 als Jurist bei der Arbeiterkammer in Wien tätig war[154]. Berenstein war zwischen 1938 und 1979 Professor für Arbeitsrecht

145 *Mestitz*, Tschechoslowakei. Arbeitsrecht und Wirtschaftslenkung, S. 187.

146 *Mestitz*, Tschechoslowakei. Arbeitsrecht und Wirtschaftslenkung, S. 187.

147 *Karl Dirschmied*, Tschechoslowakei/Ungarn, in: Das Recht der Arbeit Heft 98 (1969), S. 105–111, hier S. 105.

148 AdsD, NL Mestitz, Mappe 9, Anmerkungen zu meinem Leben, Zweite, ergänzte Fassung, 1988, S. 102, 148; AdsD, NL Mestitz, Mappe 1/2, Brief Gamilscheg an Mestitz, 16. Oktober 1969; Goethe-Universität Frankfurt am Main, Universitätsarchiv, Bestand Abt. 114 Nr. 108, Blatt 52, Curriculum vitae; *Rasehorn*, Der Untergang der deutschen linksbürgerlichen Kultur, S. 88; *Dirschmied*, Tschechoslowakei/Ungarn, S. 105. Allgemein zur internationalen Zusammenarbeit der Wissenschaft der Slowakei: *Morovics*, Die Hauptprobleme der Wissenschaft und Forschung in der Periode 1945–1989, S. 153.

149 *Peter Goller*, Geschichte der Arbeitsrechtswissenschaften in Österreich. Studien über Isidor Ingwer (1866–1942) und Eduard Rabofsky (1911–1994), Wien 2004, S. 31–37; *Gerhard Oberkofler*, Eduard Rabofsky (1911–1994). Jurist der Arbeiterklasse. Eine politische Biographie, Innsbruck / Wien 1997.

150 https://hls-dhs-dss.ch/de/articles/042700/2002-06-17/.

151 *Karl Heinz Neumayer* (†). Kürschners Deutscher Gelehrten-Kalender Online, Berlin / Boston 2010, https://www.degruyter.com/database/KDGO/entry/P42977/html.

152 AdsD, NL Mestitz, Mappe 9, Anmerkungen zu meinem Leben, Zweite, ergänzte Fassung, 1988, S. 148; AdsD, NL Mestitz, Mappe 1/2, Brief Neumayer an Mestitz, 24. Juni 1970.

153 AdsD, NL Mestitz, Mappe 3, Briefe Rabofsky an Mestitz, 2. Februar 1956, 6. Juli 1967, 5. Januar 1968, 14. Februar 1968.

154 AdsD, NL Mestitz, Mappe 3, Lebenslauf Rabofsky, 28. Februar 1968; *Oberkofler*, Eduard Rabofsky.

und Privatversicherungsrecht an der Universität Genf. Er war zudem Präsident der „Internationalen Schule für vergleichendes Arbeitsrecht" in Triest[155].

Im Januar 1968 hielt Mestitz an der Universität Graz einen Vortrag über „Arbeitsrecht und Wirtschaftslenkung"[156] und vor der „Grazer Juristischen Gesellschaft" über „Grundfragen und Grundgestaltungen des tschechoslowakischen Arbeitsrechts"[157]. Im Sommer 1969 veranstaltete er in Triest gemeinsam mit Hellmut Georg Isele (1902–1987)[158], der zwischen 1959 und 1969 Direktor des Instituts für Arbeitsrecht an der Goethe-Universität und von 1949 bis 1973 alleiniger Herausgeber des „Archivs für die civilistische Praxis" war[159], Vorlesungen zum Arbeitsrecht[160]. Mit Isele traf Mestitz auf eine Person, die in den Nationalsozialismus verstrickt war. Isele verfasste 1938 ein Buch mit dem Titel „Familie und Familienerbe". In diesem Werk bekannte er sich zum rassistischen Familienrecht der Nationalsozialisten[161] sowie ausdrücklich zur „nationalsozialistischen Rassengesetzgebung" und stellte fest:

> „Die nationalsozialistische Rassengesetzgebung beruht auf der Erkenntnis, daß die Reinheit des deutschen Blutes die Voraussetzung ist für den Fortbestand des deutschen Volkes. Sie verhindert daher für die Zukunft die Mischung von deutschem mit nicht artverwandtem, namentlich jüdischem Blut. Sie schaltet artfremden Einfluss auf das staatliche und kulturelle Leben der Nation aus."[162]

Isele unterrichte an der Christian-Albrechts-Universität zu Kiel bis 1937 Bürgerliches Recht und Handelsrecht. Zwischen 1937 und 1940 war er außerordentlicher Professor in Halle und von 1940 bis 1945 ordentlicher Professor in Wien an der „Hochschule für Welthandel"[163]. Der NSDAP gehörte er ab 1937

155 https://hls-dhs-dss.ch/de/articles/042700/2002-06-17/.

156 AdsD, NL Mestitz 1/2, Einladung für die am 16. und 17. Jänner 1968 stattfindenden Gastvorlesungen von Professoren der Universität Bratislava, CSSR.

157 AdsD, NL Mestitz, Mappe 1/2, Grazer Juristische Gesellschaft, Einladung, 5. Jänner 1968.

158 *Christina Wiener*, Kieler Fakultät und „Kieler Schule". Die Rechtslehrer an der Rechts- und Staatswissenschaftlichen Fakultät zu Kiel in der Zeit des Nationalsozialismus und ihre Entnazifizierung (Kieler Rechtswissenschaftliche Abhandlungen (NF), Bd. 67), Baden-Baden 2013, S. 142–143.

159 *Herbert Fenn*, Nachruf an Hellmut Georg Isele, in: Archiv für die civilistische Praxis 187 (1987), S. 219–221.

160 AdsD, NL Mestitz, Mappe 1/2, Brief Isele an Mestitz, 2. Mai 1972.

161 *Hellmut Georg Isele*, Familie und Familienerbe (Grundrisse des Deutschen Rechts), Tübingen 1938, S. 21–24.

162 *Isele*, Familie und Familienerbe, S. 22.

163 *Wiener*, Kieler Fakultät und „Kieler Schule", S. 142–143.

und der SA bis 1940 an. Zudem war er Mitglied in der „Akademie für Deutsches Recht"[164].

Mestitz wirkte in der „arbeitsrechtlichen Sektion des Juristischen Instituts" des Justizministeriums der Tschechoslowakei mit. Auf Tagungen der Sektionen trafen sich Wissenschaftler, Rechtsanwälte, Richter sowie Juristen aus Unternehmen. Gehalten wurden auf den zwei- bis dreimal im Jahr stattfindenden Tagungen Referate mit anschließenden Diskussionen[165].

Am 1. Januar 1966 trat erstmals in der Tschechoslowakei ein Arbeitsgesetzbuch in Kraft. Es enthielt Bestimmungen über nahezu alle Bereiche des Arbeitslebens[166] und basierte auf der tschechoslowakischen Verfassung von 1960[167]. Dem Arbeitsgesetzbuch von 1966 lag nach Mestitz folgendes „Menschenbild" zugrunde:

> „Es ist nicht – wie es für ein modernes und namentlich ein sozialistisches Recht selbstverständlich ist – das isolierte, formell freie und gleichberechtigte Individuum der Französischen Revolution und der klassischen Zivilgesetzbücher. Es ist aber auch nicht der in einem postulierten Kollektiv untergehende und aufgehende Einzelne. Vielmehr ist es der konkrete Mensch mit seinen eigenständigen Interessen und Strebungen und daher mit seiner Eigenverantwortlichkeit, den dieses Arbeitsrecht voraussetzt."[168]

Mestitz erklärte, dass im sozialistischen Arbeitsrecht die „Schadenshaftung" und „Arbeitsdisziplin" eine besondere Rolle einnahmen[169]. Er hob hervor, dass das Arbeitsgesetzbuch von 1966 den „Vertragscharakter arbeitsrechtlicher Beziehungen ganz eindeutig in den Vordergrund" stellte. Die „Betonung des Vertragscharakters" nannte er einen „entscheidenden Wendepunkt" in der „Entwicklung" des tschechoslowakischen Arbeitsrechts[170]. „Einschränkungen

---

164 *Fenn*, Nachruf an Hellmut Georg Isele, S. 219; *Wiener*, Kieler Fakultät und „Kieler Schule", S. 142.

165 AdsD, NL Mestitz, Mappe 9, Anmerkungen zu meinem Leben, Zweite, ergänzte Fassung, 1988, S. 148–149.

166 *Vojáček*. Arbeitsrecht, S. 233–235; AdsD, NL Mestitz, Mappe 9, Anmerkungen zu meinem Leben, Zweite, ergänzte Fassung, 1988, S. 148. Zum Arbeitsrecht in der Tschechoslowakei: J. Georg, Das tschechoslowakische Arbeitsrecht unter Berücksichtigung der Novellierung des Arbeitsgesetzbuches im Jahre 1975, in: Recht der Arbeit 29 (1976), S. 374–378.

167 *Georg*, Das tschechoslowakische Arbeitsrecht unter Berücksichtigung der Novellierung des Arbeitsgesetzbuches im Jahre 1975, S. 374.

168 *Mestitz*, Tschechoslowakei. Arbeitsrecht und Wirtschaftslenkung, S. 191.

169 *Franz Mestitz / Andor Weltner*, Fundamental Traits of Socialist Labour Law, With Special Regard to Hungarian Legislation, Budapest 1970, in: Rabels Zeitschrift für ausländisches und internationales Privatrecht 40 (1976), S. 345–350, hier S. 345.

170 *Mestitz*, Tschechoslowakei. Arbeitsrecht und Wirtschaftslenkung, S. 188.

des Parteiwillens durch administrative Maßnahmen" kannte das Arbeitsgesetzbuch von 1966 – so Mestitz – nicht[171]. Das Arbeitsgesetzbuch von 1966 und die tschechoslowakische Verfassung von 1960 kannten in der Theorie folgende Rechte der „Werktätigen"[172]: das „Recht aller Bürger auf Arbeit", das „Recht auf Ruhe und Erholung nach geleisteter Arbeit", das „Recht auf Entlohnung für geleistete Arbeit", das „Recht auf Gefahren- und Gesundheitsschutz" sowie das „Recht auf Beteiligung an der Entfaltung und Leitung des Unternehmens"[173]. Von besonderer Relevanz war nach Mestitz das „Recht auf Arbeit"[174]. Eine nähere Erläuterung des „Rechts auf Arbeit" kannte das tschechoslowakische Rechtssystem nicht[175].

Mestitz organisierte für Praktiker und Wissenschaftler Seminare, um den Inhalt des Arbeitsgesetzbuchs vom 1966 zu vermitteln. Den Teilnehmern der Seminare zeigte er auslegungsbedürftige Probleme im „neuen" Arbeitsrecht auf[176].

X. Zwangsemeritierung

Die Reformer des „Prager Frühlings" forderten eine „weitgehende Demokratisierung des politischen Systems", eine Rehabilitierung politischer Opfer, eine Beachtung der Menschen- und Freiheitsrechte, das Recht der freien Meinungsäußerung und eine Beseitigung der Zensur sowie einen stärkeren Föderalismus in der Tschechoslowakei[177]. Ein Ziel bildete zudem der Aufbau einer „sozialistischen Marktwirtschaft"[178]. Mestitz bemerkte:

> „Der Prager Frühling traf auf ein waches demokratisches Selbstbewusstsein der Menschen."[179]

---

171 *Mestitz*, Tschechoslowakei. Arbeitsrecht und Wirtschaftslenkung, S. 188.

172 Die Arbeiter und Angestellten in der Tschechoslowakei hießen im offiziellen Sprachgebrauch „Werktätige" und der Arbeitgeber bildete die „sozialistische Organisation". Siehe dazu: *Georg*, Das tschechoslowakische Arbeitsrecht unter Berücksichtigung der Novellierung des Arbeitsgesetzbuches im Jahre 1975, S. 374.

173 *Georg*, Das tschechoslowakische Arbeitsrecht unter Berücksichtigung der Novellierung des Arbeitsgesetzbuches im Jahre 1975, S. 374.

174 *Mestitz*, Tschechoslowakei. Arbeitsrecht und Wirtschaftslenkung, S. 189.

175 *Georg*, Das tschechoslowakische Arbeitsrecht unter Berücksichtigung der Novellierung des Arbeitsgesetzbuches im Jahre 1975, S. 375.

176 Privatbesitz Jan Taussig, Nekrolog Franz Mestitz, Jan Kostečka (Übersetzung).

177 *Hoensch*, Geschichte der Tschechoslowakei, S. 165.

178 *Hoensch*, Geschichte der Tschechoslowakei, S. 186.

179 AdsD, NL Mestitz, Mappe 9, Anmerkungen zu meinem Leben, Zweite, ergänzte Fassung, 1988, S. 95.

Am 20. August 1968 um 23 Uhr begann der Einmarsch von Truppen aus der Sowjetunion und der DDR sowie aus Bulgarien, Ungarn und Polen in die Tschechoslowakei[180]. Der Einmarsch führte zur Beendigung aller „Reformexperimente"[181] und der erneuten Ausübung von „Repressalien"[182]. Noch nach dem Einmarsch erhielt Mestitz im Oktober 1968 für seine – wie er es nannte – „reiche Tätigkeit" als Arbeitsrechtler einen offiziellen Orden[183]. Seine Ehefrau bemerkte dazu, dass ihr Ehemann „Pech" hatte, da er den Orden von einem Regime verliehen bekam, mit dem er sich „nur mit Vorbehalten oder gar nicht identifizieren konnte"[184].

Nach dem „Prager Frühling" erfolgte eine „Verschärfung bei der Verfolgung von politischen Gegnern"[185]. Unterdrückungsmaßnahmen prägten die Politik in der Tschechoslowakei in den 1970er-Jahren[186]. Im Jahre 1970 führte die KPTsch eine „Säuberung unter den Mitgliedern" durch. Sämtliche Mitglieder der Partei mussten eine schriftliche Erklärung über ihre politische Einstellung einreichen[187]. Mestitz stellte in seiner Erklärung fest, „voll und ganz hinter den Reformbestrebungen des Prager Frühlings" zu stehen[188]. Den Einmarsch fremder Truppen in die Tschechoslowakei bezeichnete er als „nachhaltige und folgenreiche Schädigung der internationalen Arbeiterbewegung"[189]. Als Anhänger des „Prager Frühlings" erkannte die kommunistische Partei Mestitz 1970 die Mitgliedschaft ab. Mestitz wurde 1971 als Hochschullehrer zwangs-

180 Das tschechische Schwarzbuch. Die Tage vom 20. bis 27. August 1968 in Dokumenten und Zeugenaussagen, hrsg. von *Werner Marx / Günther Wagenlehner*, Stuttgart-Degerloch 1969, S. 13; *Hoensch*, Geschichte der Tschechoslowakei, S. 170–171; *Bahlcke*, Geschichte Tschechiens, S. 111; *Schelle / Tauchen*, Grundriss der tschechoslowakischen Rechtsgeschichte, S. 117.

181 *Bahlcke*, Geschichte Tschechiens, S. 111.

182 *Morovics*, Die Hauptprobleme der Wissenschaft und Forschung in der Periode 1945–1989, S. 154.

183 AdsD, NL Mestitz, Mappe 9, Anmerkungen zu meinem Leben, Zweite, ergänzte Fassung, 1988, S. 149.

184 AdsD, NL Mestitz, Mappe 9, Anmerkungen zu meinem Leben, Zweite, ergänzte Fassung, 1988, S. 158 Anm. 27.

185 *Hoensch*, Geschichte der Tschechoslowakei, S. 181.

186 *Bahlcke*, Geschichte Tschechiens, S. 112.

187 AdsD, NL Mestitz, Mappe 9, Anmerkungen zu meinem Leben, Zweite, ergänzte Fassung, 1988, S. 102–103.

188 AdsD, NL Mestitz, Mappe 9, Anmerkungen zu meinem Leben, Zweite, ergänzte Fassung, 1988, S. 103.

189 AdsD, NL Mestitz, Mappe 9, Anmerkungen zu meinem Leben, Zweite, ergänzte Fassung, 1988, S. 103.

emeritiert[190]. Er erhielt erneut ein Publikationsverbot[191]. In der Literatur wird davon ausgegangen, dass mindestens 71.000 Menschen nach dem „Prager Frühling“ aus der KPTsch ausgeschlossen wurden und bei weiteren 391.000 Menschen die Mitgliedschaft auf „Zeit suspendiert“ wurde[192]. Massive Eingriffe bestimmten das Leben in Wissenschaft und Kultur fortan. „Säuberungen“ erfolgten auf dem Gebiet der Wissenschaft und Kultur[193]. Zahlreiche Wissenschaftler traf ein Publikationsverbot oder die Entlassung aus dem Dienstverhältnis[194].

190 AdsD, NL Mestitz, Mappe 9, Anmerkungen zu meinem Leben, Zweite, ergänzte Fassung, 1988, S. 102–103, 140; Goethe-Universität Frankfurt am Main, Universitätsarchiv, Bestand Abt. 114 Nr. 108, Blatt 1, Manfred Weiss, Franz Mestitz gestorben. Engagement und Lebensmut, in: Uni Report 23. November 1994; *Rasehorn*, Der Untergang der deutschen linksbürgerlichen Kultur, S. 17, 90.

191 Goethe-Universität Frankfurt am Main, Universitätsarchiv, Bestand Abt. 114 Nr. 108, Blatt 52, Curriculum vitae.

192 *Hoensch*, Geschichte der Tschechoslowakei, S. 178.

193 *Hoensch*, Geschichte der Tschechoslowakei, S. 188–189.

194 *Morovics*, Die Hauptprobleme der Wissenschaft und Forschung in der Periode 1945–1989, S. 156.

G) Frankfurt am Main

I. Ausreise

Mestitz bemühte sich spätestens seit Beginn der 1970er-Jahre um – wie es Zeisel ausdrückte – ein „Herauskommen" aus der Tschechoslowakei. Bei diesen Bemühungen unterstützte ihn, was die Auslotung beruflicher und wissenschaftlicher Perspektiven in der Bundesrepublik Deutschland betraf, Dieter Henrich[1], der zu dieser Zeit einen Lehrstuhl für Bürgerliches Recht, Internationales Privatrecht und Rechtsvergleichung an der Fakultät für Rechtswissenschaft an der Universität Regensburg innehatte[2] und mit Max Rheinstein (1899–1977), der zwischen 1942 und 1968 Inhaber eines Lehrstuhls für Rechtsvergleichung an der Universität Chicago war[3], in Kontakt stand. Henrich hielt in einem Brief an Rheinstein über Mestitz fest:

> „Eine feste Anstellung kommt ja, wie Sie selbst geschrieben haben, wegen des Alters von Herrn Kollegen Mestitz wohl nicht mehr in Betracht. Ich meine aber, daß man Herrn Kollegen Mestitz jedenfalls versichern kann, daß seine wissenschaftliche Betätigung in der Bundesrepublik Deutschland erwünscht und möglich ist und auch angemessen honoriert wird."[4]

1972 erhielt Mestitz mit seiner Ehefrau die Genehmigung zur Ausreise aus der Tschechoslowakei in die Bundesrepublik Deutschland, wo seine Tochter Katarina (Katja) und sein Schwiegersohn Pavel Taussig bereits seit Ende 1968 lebten. Er ließ sich in Frankfurt am Main nieder[5] und traf dort – wie er es

---

1 AdsD, NL Mestitz, Mappe 1/2, Brief Zeisel an Henrich, 4. Januar 1971; AdsD, NL Mestitz, Mappe 1/2, Brief Henrich an Rheinstein, 24. November 1970.

2 *Hans Jürgen Sonnenberger*, Dieter Henrich zum 75. Geburtstag, in: Neue Juristische Wochenschrift 58 (2005), S. 3480; https://www.famrz.de/die-famrz/redaktion/prof-dr-dr-h-c-mult-dieter-henrich.html.

3 *Oliver Lepsius*, Max Rheinstein, in: Neue Deutsche Biographie, Bd. 21, Berlin 2003, S. 493–494; *Ulrich Drobnig*, Max Rheinstein (1899–1977), in: Festschrift 200 Jahre Juristische Fakultät der Humboldt-Universität zu Berlin. Geschichte, Gegenwart und Zukunft, hrsg. von Stefan Grundmann / Michael Kloepfer / Christoph G. Paulus / Rainer Schröder / Gerhard Werle, Berlin / New York 2010, S. 627–636.

4 AdsD, NL Mestitz, Mappe 1/2, Brief Henrich an Rheinstein, 24. November 1970.

5 AdsD, NL Mestitz, Mappe 9, Anmerkungen zu meinem Leben, Zweite, ergänzte Fassung, 1988, S. 37, 104, 151; Privatbesitz Jan Taussig, Lebenslauf Franz Mestitz 4. September 1972; *Rasehorn*, Der Untergang der deutschen linksbürgerlichen Kultur, S. 17, 91. Zu Pavel und Katarina (Katja) Taussig: Goethe-Universität Frankfurt am Main, Universitätsarchiv, Bestand Abt. 114 Nr. 108, Blatt 2, Todesanzeige Franz

https://doi.org/10.1515/9783111388656-007

ausdrückte – auf ein im Vergleich zu vor 1933 „sehr verändertes deutsches Milieu“[6]. Rückblickend stellte er fest:

> „Als ich hierher kam, fand ich eine Wissenschaft vor, die auch in den Disziplinen, die mich beschäftigen: Arbeitsrecht, Rechtssoziologie, Rechtsgeschichte, eine Entwicklung der Denkinhalte, der Denkweisen und des Denkstils genommen hatte, von der ich an die vierzig Jahre schlicht und einfach verpaßt habe. Wir hätten eben viel früher nach Deutschland zurückkehren sollen.“[7]

Henrich schrieb an Mestitz nach der Ausreise nach Frankfurt am Main:

> „Es freut mich sehr, daß es Ihnen endlich gelungen ist, nach Frankfurt zu übersiedeln. Ich bin auch gerne bereit, Ihnen jederzeit zu helfen, wo ich immer kann.“[8]

Zu einer Tätigkeit von Mestitz in Regensburg kam es trotz des Einsatzes von Henrich nicht[9].

II. Begegnungen und Eindrücke

Durch die Freundschaft mit Kampffmeyer erhielt Mestitz nach eigenen Angaben in Frankfurt am Main „Anschluss an einen geistig anregenden und angeregten Kreis alter Sozialisten“[10].

Kampffmeyer bemerkte nach dem Tod über die Jahre seines Freundes Mestitz in Frankfurt am Main:

> „Im langen letzten fruchtbaren Lebensabschnitt in Frankfurt hat er als Wissenschaftler und Forscher auf den Spuren von Hugo Sinzheimer, als engagierter politischer Beobachter und im auch hier wieder aufgebauten Kollegenkreis, in neuen Freundschaften und im Familien-Generationsverband angeregt und anregend ein volles Leben gelebt.“[11]

Mestitz; https://www.youtube.com/watch?v=O3e85GHJyso. Siehe: Pavel Taussig, Ich habe den Todesmarsch überlebt. Erinnerungen und Tagebuch eines Elfjährigen, hrsg. von *Sarah Friedrich / Uwe Neumärker*, Berlin 2022; Schriftliche Auskunft von Jan Taussig vom 6. Juli 2023, Stammbaum. Katarina (Katja) Taussig wurde 1943 geboren und starb 2010.

6 AdsD NL Mestitz, Mappe 3, Brief Mestitz an Rasehorn, 11. Januar 1986.

7 AdsD, NL Mestitz, Mappe 9, Anmerkungen zu meinem Leben, Zweite, ergänzte Fassung, 1988, S. 151–152.

8 AdsD, NL Mestitz, Mappe 1/2, Brief Henrich an Mestitz, 27. Dezember 1972.

9 Zu dem Einsatz von Henrich: AdsD, NL Mestitz, Mappe 1/2, Brief Henrich an Rheinstein, 16. November 1970.

10 AdsD, NL Mestitz, Mappe 9, Anmerkungen zu meinem Leben, Zweite, ergänzte Fassung, 1988, S. 62.

11 Privatbesitz Jan Taussig, Nekrolog Franz Mestitz, Hans Kampffmeyer.

In Frankfurt am Main traf Mestitz auf Max Diamant (1908–1992)[12]. Diamant war Journalist und „Gewerkschaftsfunktionär". Seit dem Jahre 1928 war er Mitglied der SPD und 1929 Vorsitzender der „Jungsozialisten Mannheim". Der SAPD gehörte er ab Herbst 1931 an. Er floh im März 1933 nach Frankreich, wo er nach dem Beginn des Zweiten Weltkriegs in unterschiedlichen Lagern inhaftiert war. Im März 1942 emigrierte er nach Mexiko. 1945 schloss er sich der „Gruppe deutschsprachiger Sozialisten" in Mexiko an. Bis 1961 war er Sprecher dieser Gruppe. Im Jahre 1961 zog er nach Deutschland zurück und war Leiter der „Abteilung ausländische Arbeitnehmer" beim Vorstand der Industriegesellschaft Metall[13]. Mestitz bezeichnete Diamant als ein „lebendes Stück Geschichte der Arbeiterbewegung", durch „dessen Schatz an Erfahrungen und Erlebnissen und durch dessen Fähigkeiten, sie zu verallgemeinern", er in „vielem lernen konnte", seine „eigene Vergangenheit besser zu verstehen"[14].

An der Goethe-Universität begenete Mestitz Jiří Kosta (1921–2015)[15]. Beide verband eine enge Freundschaft[16]. Kosta stammte aus einem „säkularen jüdischen Elternhaus" in Prag. Die Nationalsozialisten verschleppten ihn im Oktober 1944 nach Auschwitz. 1966 wurde er in Prag in Wirtschaftswissenschaften promoviert. Im Jahre 1968 floh er nach Wien, 1970 lebte er kurze Zeit in München und zwischen 1970 und 1987 war er Inhaber eines Lehrstuhls am Fachbereich Wirtschaftswissenschatten an der Goethe-Universität in Frankfurt am Main[17]. Gegenüber Kosta erklärte Mestitz im Oktober 1991, dass er sich bei seiner Einreise in die Bundesrepublik Deutschland als Remigrant fühlte. Seit dem Ende der 1980er- und Beginn der 1990er-Jahre aber betrachtete er sich zunehmend als Emigrant und die „alte Heimat" gewann an „Gewicht".

---

12 AdsD, NL Mestitz, Mappe 9, Anmerkungen zu meinem Leben, Zweite, ergänzte Fassung, 1988, S. 108; Biographisches Handbuch der deutschsprachigen Emigration nach 1933–1945, hrsg. vom Institut für Zeitgeschichte – Research Foundation for Jewish Immigration, Bd. 1, S. 129–130.

13 Biographisches Handbuch der deutschsprachigen Emigration nach 1933–1945, hrsg. vom Institut für Zeitgeschichte – Research Foundation for Jewish Immigration, Bd. 1, S. 129–130.

14 AdsD, NL Mestitz, Mappe 9, Anmerkungen zu meinem Leben, Zweite, ergänzte Fassung, 1988, S. 108.

15 https://www.fritz-bauer-institut.de/mitteilung/wir-trauern-um-jiri-kosta-sel-a.

16 AdsD, NL Mestitz, Mappe 1/2, Brief Kosta an Mestitz, 9. März 1977, Brief Mestitz an Jiři, 13. Februar1987, Brief Kosta an Mestitz, 1. Oktober 1987, Brief Mestitz an Jiři, 18. September 1990.

17 https://www.fritz-bauer-institut.de/mitteilung/wir-trauern-um-jiri-kosta-sel-a.

Pointiert stellte er gegenüber Kosta fest:

> „Wenn ich das Deutschlandlied höre, rührt sich bei mir nichts; höre ich aber z.B. die Vltava oder sogar 'Kde domov můj', dann rührt sich was; übrigens auch – da wirst Du lachen – bei der Internationalen, aber das hat nichts mit der Heimat, sondern mit der Jugend zu tun."[18]

Mestitz gab an, drei Identitäten zu haben. Er fühlte sich als „Deutscher, Jude und Tscheche"[19]. In die Tschechoslowakei kehrte er nach seiner Übersiedlung nach Deutschland zwar nicht mehr zurück[20]. Die politischen und kulturellen Ereignisse in der Tschechoslowakei verfolgte er aber mit Aufmerksamkeit. Er las Zeitungen und Zeitschriften aus der Tschechoslowakei[21].

Von Frankfurt am Main aus reiste Mestitz 1976 nach New York und besuchte dort Traute Mainzer, die eine Tochter von Sinzheimer und Jugendrichterin in New York war. Ein Anlass des Besuches bildete die Sichtung des Nachlasses von Sinzheimer in New York[22]. Ein weiterer Nachlass von Sinzheimer befand sich in Haarlem in den Niederlanden bei Ursula Sinzheimer-Postma[23]. Nachdem Simitis den Nachlass bei Sinzheimer-Postma abgeholt hatte, sichtete und ordnete Mestitz diesen Teil des Nachlasses von Sinzheimer[24]. In einem Brief an Simitis aus dem Januar 1991 berichtete Mestitz darüber:

> „Ich habe den Nachlass ziemlich mechanisch geordnet, ohne mich mit dem Inhalt näher zu befassen oder gar auseinanderzusetzen. Dazu fehlte mir, ehrlich gesagt, auch Ruhe und Geduld – Golfkrieg und Sowjetunion."[25]

---

18 AdsD, NL Mestitz, Mappe 1/2, Brief Mestitz an Jiři, 7. Oktober 1991.

19 AdsD, NL Mestitz, Mappe 1/2, Brief Mestitz an Kostecka, 15. Mai 1990.

20 Goethe-Universität Frankfurt am Main, Universitätsarchiv, Bestand Abt. 114 Nr. 108, Blatt 1, Manfred Weiss, Franz Mestitz gestorben. Engagement und Lebensmut, in: Uni Report 23. November 1994.

21 AdsD, NL Mestitz, Mappe 1/2, Brief Mestitz an Frau Dozentin, 20. Mai 1991.

22 AdS, NL Mestitz, Mappe 3, Brief Mestitz an Zeisel, 3. April 1986; AdsD, NL Mestitz, Mappe 1/2, Brief Mestitz an Ministerialdirigent, 9. November 1984; AdsD, NL Mestitz, Mappe 1/2, Brief Mestitz an Ostermann, 16. Februar 1992. Zu Traute Mainzer: Christoph Frei, Hans J. Morgenthau. Eine intellektuelle Biographie, Bern 1993, S. 70; *Blanke*, Hugo Sinzheimer, S. 474.

23 AdsD, NL Mestitz, Mappe 1/2, Brief Mestitz an den Herrn Präsidenten, 29. Januar 1991; AdsD, NL Mestitz, Mappe 1/2, Brief Mestitz an Ministerialdirigent, 9. November 1984; AdsD, NL Mestitz, Mappe 1/2, Brief Mestitz an Knorre, 11. Februar 1989; AdsD, NL Mestitz, Mappe 1/2, Brief Mestitz an Ostermann, 16. Februar 1992.

24 AdsD, NL Mestitz, Mappe 1/2, Brief Mestitz an Knorre, 20. Februar 1991; AdsD, NL Mestitz, Mappe 1/2, Brief Mestitz an Kubo, 8. Februar 1991.

25 AdS, NL Mestitz, Mappe 3, Brief Mestitz an Simitis, 18. Januar 1991.

Die von Mestitz in der Weimarer Zeit überarbeitete und nicht mehr erschienene dritte Auflage der „Grundzüge des Arbeitsrechts“ von Sinzheimer befand sich in keinem der beiden Nachlässe[26]. Mestitz schrieb die von ihm lange Zeit geplante Biographie über Sinzheimer nicht[27].

Mestitz spendete Geld an die Industriegesellschaft Metall[28]. Er trat der „Deutschen Sektion“ der „Internationalen Gesellschaft für das Recht der Arbeit und der sozialen Sicherheit“ bei[29].

III. „Recht auf Arbeit“

Mestitz trat für die Kodifizierung eines „Rechts auf Arbeit“ als soziales Grundrecht im Grundgesetz ein[30]. Gegenüber Hans-Peter Benöhr (1937–2017)[31] erklärte er, dass dieses „Recht, wie Eigentum und Erbrecht in der Verfassung ‘verankert’ werden“ sollte. Hinsichtlich dieses Rechts wollte er sich an Artikel 163 Absatz 2 der „Weimarer Reichsverfassung“[32] orientieren[33]. Die Grundlage zur Verwirklichung des „Rechts auf Arbeit“ bildeten für ihn „Sicherheit und Freiheit“[34]. Das „Recht auf Arbeit“ betrachtete er in einem „doppelten Sinn“. Es ging ihm darum „einen Arbeitsplatz zu bekommen“ und den „Arbeitsplatz zu behalten“[35]. Das „Recht auf Arbeit“ diente nach seiner Ansicht einer Absicherung der „materiellen“ und „menschenwürdigen Existenz“[36].

26 AdsD, NL Mestitz, Mappe 9, Anmerkungen zu meinem Leben, Zweite, ergänzte Fassung, 1988, S. 164.

27 AdsD, NL Mestitz, Mappe 1/2, Brief Mestitz an Borchers, 2. November 1985.

28 AdsD, NL Mestitz, Mappe 1/2, Brief Fischer am Mestitz, 19. Juni 1984.

29 AdsD, NL Mestitz, Mappe 1/2, Brief Internationale Gesellschaft für das Recht der Arbeit und der sozialen Sicherheit an Mestitz, 17. April 1974.

30 AdsD, NL Mestitz, Mappe 1/2, Brief Mestitz an Benöhr, 30. April 1990; *Franz Mestitz*, Was bedeutet ein Recht auf Arbeit? Erwägungen zu einer aktuellen Forderung, in: Evangelische Kommentare. Monatsschrift zum Zeitgeschehen in Kirche und Gesellschaft 10 (1977), S. 461–462; ders., Das Recht auf Arbeit – in der Sicht der Rechtswissenschaft, in: Universitas 31 (1976), S. 1173–1182.

31 *Anja Amend-Traut*, Hans Peter Benöhr, in: Juristenzeitung 72 (2017), S. 884–885.

32 Artikel 163 Die Verfassung des Deutschen Reichs, 11. August 1919, Reichs=Gesetzblatt 1919, S. 1414.

33 AdsD, NL Mestitz, Mappe 1/2, Brief Mestitz an Benöhr, 30. April 1990.

34 AdsD, NL Mestitz, Mappe 1/2, Brief Mestitz an den Präsidenten (Gerhard Müller), 16. August 1978.

35 *Mestitz*, Was bedeutet ein Recht auf Arbeit? S. 461; *Mestitz*, Tschechoslowakei. Arbeitsrecht und Wirtschaftslenkung, S. 189.

36 *Mestitz*, Was bedeutet ein Recht auf Arbeit? S. 461; ders., Das Recht auf Arbeit – in der Sicht der Rechtswissenschaft, S. 1176–1177.

Trotz seiner Forderung der Kodifizierung des „Rechts auf Arbeit“ im Grundgesetz erkannte Mestitz hinsichtlich der Durchsetzung dieses Rechts die enormen Schwierigkeiten. Exemplarisch fragte er, wem gegenüber das „Recht auf Arbeit“ geltend gemacht werden sollte[37]. „Grenzen“ bei der Verwirklichung des „Rechts auf Arbeit“ sah er in der insoweit notwendigen „zentralen Planung der Arbeitsplätze und Bewirtschaftung der Arbeitskräfte“[38]. Da nach der Ansicht von Mestitz das „Korrelat“ eines „Rechts auf Arbeit“ die „Arbeitspflicht“, die er ablehnte, darstellte, negierte er die Ausgestaltung des „Rechts auf Arbeit“ als „subjektives Recht“[39] in Hinblick darauf, „eine bestimmte Arbeit zu bekommen“[40]. Er betrachte es insoweit sogar als „gefährliche Illusion“, der Arbeitslosigkeit durch die Ausgestaltung des „Rechts auf Arbeit“ als „subjektives Recht“ entgegentreten zu können[41]. Hinsichtlich des Erhalts des Arbeitsplatzes erkannte er das „Recht auf Arbeit“ als „subjektives Recht“ allerdings an. In diesem Zusammenhang nannte er den „Bestandschutz des Arbeitsverhältnisses“ wegen „Krankheit und Unfall, Militärdienst, Schwangerschaft und Mutterschaft“[42].

Im Blick hatte Mestitz hinsichtlich des „Rechts auf Arbeit“ Schwerbeschädigte. Er kritisierte, dass sich „Unternehmen von der Pflicht“ freikauften, „einen bestimmten Prozentsatz von Schwerbeschädigten zu beschäftigen“. Er verlangte eine ausreichende „Existenzsicherung“ für Schwerbeschädigte und forderte, einen „Ausgleich zwischen ökonomischer Rationalität und rationeller Menschenökonomie“ zu schaffen[43].

Hinsichtlich des „Rechts auf Arbeit“ und des „Scheins des Fehlens der Arbeitslosigkeit“ in sozialistischen Ländern bemerkte Mestitz, dass es sich um eine „soziale Überbeschäftigung“ handelte. Er hielt zudem fest, dass es keinen „klagbaren Anspruch des Bürgers“ hinsichtlich des „Rechts auf Arbeit“ in diesen Staaten gab[44].

---

37 *Mestitz*, Was bedeutet ein Recht auf Arbeit? S. 462; ders.; Das Recht auf Arbeit – in der Sicht der Rechtswissenschaft, S. 1175.

38 *Mestitz*, Was bedeutet ein Recht auf Arbeit? S. 462.

39 *Mestitz*, Was bedeutet ein Recht auf Arbeit? S. 462.

40 *Mestitz*, Das Recht auf Arbeit – in der Sicht der Rechtswissenschaft, S. 1180.

41 *Mestitz*, Was bedeutet ein Recht auf Arbeit? S. 462.

42 *Mestitz*, Das Recht auf Arbeit – in der Sicht der Rechtswissenschaft, S. 1181.

43 AdsD, NL Mestitz, Mappe 1/2, Brief Mestitz an Benöhr, 30. April 1990.

44 AdsD, NL Mestitz, Mappe 1/2, Brief Mestitz an den Präsidenten (Gerhard Müller), 16. August 1978. Mestitz stellte fest, dass die „Art bürokratischer Planwirtschaft“ und „primitive Zwangsbewirtschaftung der Arbeitskräfte“ in den sozialistischen Ländern zu keinen greifbaren Erfolgen im Arbeitsleben führten.

IV. Lehrauftrag über die „Geschichte des deutschen Arbeitsrechts und vergleichendes Arbeitsrecht“ an der Goethe-Universität

In Frankfurt am Main widmete sich Mestitz in wissenschaftlicher Hinsicht nahezu ausschließlich der Geschichte des Arbeitsrechts[45]. Enge Beziehungen unterhielt er zu Simitis, Diestelkamp[46], Thilo Ramm (1925–2018)[47] und Manfred Weiss[48]. Er übernahm nach einem entsprechenden Antrag von Diestelkamp ab dem Wintersemester 1973/74 an der Goethe-Universität einen Lehrauftrag über die „Geschichte des deutschen Arbeitsrechts und vergleichendes Arbeitsrecht“[49]. Er betonte die Bedeutung der Rechtsvergleichung für die Arbeitsrechtsgeschichte[50]. In den Blick nahm er die Geschichte des Arbeitsrechts auf der Ebene der Gesetzgebung, Rechtsprechung und Wissenschaft[51]. Ein Thema, dessen er sich besonders annahm, war die Geschichte des Tarifvertragsrechts[52] und des Streikrechts[53].

---

45 AdsD, NL Mestitz, Mappe 3, Brief Mestitz an Ramm, 6. Juli 1992.

46 AdsD, NL Mestitz, Mappe 1/2, Briefe Diestelkamp an Mestitz, 23. Januar 1979, 20. Januar 1979, 12. Juli 1979, 21. August 1979, 22. März 1979, 5. September 1980, 12. Januar 1981, 20. Juli 1981, 17. August 1981, 18. Juli 1989, Briefe Mestitz an Diestelkamp, 9. September 1981, 12. November 1985, 11. April 1986, 20. Juli 1986, 6. April 1987, 4. Juli 1989, 26. März 1992, 24. Juni 1992.

47 https://lebenswege.faz.net/traueranzeige/profdrthilo-ramm/anzeigen; AdsD, NL Mestitz, Mappe 3, Briefe Ramm an Mestitz, 6. Oktober 1972, 23. Oktober 1972. 1. Dezember 1972, 11. Dezember 1972, 14. Dezember 1972, 12. Januar 1973, 2. Juni 1973, 7. Januar 1974, 26. Mai 1977, 9. April 1979, 18. Juni 1979, 6. Mai 1980, 19. Januar 1984.

48 AdsD, NL Mestitz, Mappe 9, Anmerkungen zu meinem Leben, Zweite, ergänzte Fassung, 1988, S. 158 Anm. 31; *Stolleis*, Franz Mestitz, S. 1; AdsD, NL Mestitz, Mappe 3, Brief Mestitz an Zieleński, 6. November 1985.

49 AdsD, NL Mestitz, Mappe 9, Anmerkungen zu meinem Leben, Zweite, ergänzte Fassung, 1988, S. 151; Goethe-Universität Frankfurt am Main, Universitätsarchiv, Bestand Abt. 114 Nr. 108, Blatt 47, Erteilung eines vergüteten Lehrauftrags, 23. Juli 1973; *Rasehorn*, Der Untergang der deutschen linksbürgerlichen Kultur, S. 92; *Stolleis*, Franz Mestitz, S. 1.

50 *Franz Mestitz*, Zur Wirkungsgeschichte des Arbeitsrechts, in: Harald Steindl (Hrsg.), Wege zur Arbeitsrechtsgeschichte (Ius commune, Veröffentlichungen des Max-Planck-Instituts für europäische Rechtsgeschichte, Sonderhefte, Texte und Monografien, Bd. 20), Frankfurt am Main 1984, S. 1–28, hier S. 2.

51 *Franz Mestitz*, Probleme der Geschichte des Arbeitsrechts, in: Zeitschrift für Neuere Rechtsgeschichte 2 (1980), S. 47–65, hier S. 47.

52 *Franz Mestitz*, Zur Geschichte des Tarifvertragsrechts. Zwei Briefe von Philipp Lotmar an Hugo Sinzheimer, in: Zeitschrift für Neuere Rechtsgeschichte 9 (1987), S. 36–50.

53 *Franz Mestitz*, Rezension zu: Claas-Hinrich Germelmann, Theorie und Geschichte des Streikrechts (Erträge der Forschung, Bd. 140), Darmstadt 1980, in: Zeitschrift für Neuere Rechtsgeschichte 3 (1981), S. 95–97, hier S. 96.

Die Geschichte des Streikrechts bezeichnete er als einen „Prozeß der fortschreitenden Verrechtlichung des gesellschaftlichen Phänomens, daß freie Lohnarbeit leistenden Menschen durch die kollektive Aktion der gemeinsamen Einstellung oder Verlangsamung der von ihnen geschuldeten Arbeitsleistung wirtschaftliche, soziale, politische Forderungen durchzusetzen suchen“[54]. In Bezug auf die rechtliche Ausgestaltung des Streikrechts betonte er die Bedeutung von Richterrecht[55].

In die Geschichte des Arbeitsrechts bezog er die Geschichte des Sozialrechts und der Sozialpolitik ein, da diese Themenfelder mit dem Arbeitsrecht und der Arbeitsrechtsgeschichte unmittelbar verbunden sind[56]. Er bezeichnete das Arbeitsrecht als in „Rechtsnormen gefaßte Sozialpolitik“[57].

Für die Geschichte des Arbeitsrechts postulierte er eine „problemorientierte Strukturgeschichte“[58]. Er ging davon aus, dass die Geschichte des Arbeitsrechts eine Relevanz für die Rechtspolitik der Gegenwart besitzt[59]. Streng grenzte er die von Sinzheimer mitbegründete Disziplin des wissenschaftlichen Arbeitsrechts von einem „vorindustriellen ‘Arbeitsrecht’“ ab[60]. Von einem eigentlichen Arbeitsrecht konnte nach Mestitz „sinnvoll erst gesprochen werden, wenn die abhängige Lohnarbeit freier Menschen zu einer Existenzbedingung der Gesellschaft und in diesem Sinn sozial typisch geworden ist“. Die Geschichte des Arbeitsrechts teilte er in einen „Domestikations-, Emanzipations-, Lern- und Interpretationsprozess“ ein[61]. Das Max-Planck-Institut für Europäische Rechtsgeschichte organisierte anlässlich des 80. Geburtstages von Mestitz ein Kolloquium über das Arbeitsrecht. Die Festrede hielt Simitis[62].

54 *Mestitz*, Rezension zu: Claas-Hinrich Germelmann, Theorie und Geschichte des Streikrechts, S. 96.

55 *Mestitz*, Rezension zu: Claas-Hinrich Germelmann, Theorie und Geschichte des Streikrechts, S. 96.

56 *Mestitz*, Probleme der Geschichte des Arbeitsrechts, S. 49.

57 *Franz Mestitz*, Rezension zu: Gerhard A. Ritter, Staat, Arbeiterschaft und Arbeiterbewegung in Deutschland. Vom Vormärz bis zum Ende der Weimarer Republik, Berlin / Bonn 1980, in: Zeitschrift für Neuere Rechtsgeschichte 3 (1981), S. 237–239, hier S. 238.

58 *Mestitz*, Zur Wirkungsgeschichte des Arbeitsrechts, S. 9.

59 *Mestitz*, Probleme der Geschichte des Arbeitsrechts, S. 60–62.

60 AdsD, NL Mestitz, Mappe 1/2, Brief Mestitz an Dilcher, 15. August 1984.

61 AdsD, NL Mestitz, Mappe 1/2, Brief Mestitz an Frau Doktor, 27. Februar 1991.

62 *Stolleis*, Franz Mestitz, S. 1; AdsD, NL Mestitz, Mappe 9, Anmerkungen zu meinem Leben, Zweite, ergänzte Fassung, 1988, S. 159 Anm. 32; AdsD NL Mestitz, Mappe 3, Brief Mestitz an Simitis, 17. Juni 1988, Brief Gerhard Dilcher an die Teilnehmer des Symposiums zu Ehren von Herrn Mestitz, 8. August 1984.

In seiner Rede würdigte Simitis Mestitz als einen der „lebendigsten und unruhigsten Juristen“[63].

V. Mestitz und Kahn-Freund

Nach seiner Ausreise in die Bundesrepublik Deutschland entwickelte Mestitz – wie er es ausdrückte – eine „gute Freundschaft“ zu Kahn-Freund[64]. Mestitz besuchte Kahn-Freund 1977 in Großbritannien[65]. Durch die Vermittlung von Mestitz führte Wolfgang Luthardt mit Kahn-Freund ein Interview[66], das im Jahre 1981 in der „Kritischen Justiz“ abgedruckt wurde[67]. Kahn-Freund war zwischen 1928 und 1933 Arbeitsrichter in Berlin. Er emigrierte 1933 nach Großbritannien[68]. Ab 1951 war er Professor an der London School of Economics, von 1964 bis 1971 Professor für Rechtsvergleichung an der Universität Oxford[69]. Kahn-Freund war einer der „bedeutendsten Vertreter des englischen und internationalen Arbeitsrechts“ nach 1945[70]. Mestitz zeigte sich als großer Anhänger der 1931 erschienenen Schrift „Das soziale Ideal des Reichsarbeitsgerichts“ von Kahn-Freund[71]. In diesem Buch untersuchte Kahn-Freund das der „Rechtsprechung des Reichsarbeitsgerichts“ „zugrundeliegende Sozialideal“[72]. Er warf dem Reichsarbeitsgericht eine gegen die Gewerkschaften „gerichtete Rechtsprechung“[73] vor. Nach der Auffassung von Kahn-Freund folgte die Rechtsprechung des Reichsarbeitsgerichts hinsichtlich des „Fürsorgegedankens“[74]

---

63 Goethe-Universität Frankfurt am Main, Universitätsarchiv, Bestand Abt. 114 Nr. 108, Blatt 14, FAZ 3. Juli 1984.

64 AdsD, NL Mestitz, Mappe 1/2, Brief Mestitz an Kubo, 5. August 1986.

65 AdsD, NL Mestitz, Mappe 9, Anmerkungen zu meinem Leben, Zweite, ergänzte Fassung, 1988, S. 165.

66 AdsD, NL Mestitz, Mappe 1/2, Brief Luthardt an Mestitz, 2. Februar 1981.

67 *Kahn-Freund*, Autobiographische Erinnerungen an die Weimarer Republik, S. 183–200.

68 *Ludyga*, Otto Kahn-Freund, S. 27–35, 48–51, 55–58.

69 *Ludyga*, Otto Kahn-Freund, S. 81.

70 *Ludyga*, Otto Kahn-Freund, S. 4.

71 *Otto Kahn-Freund*, Das soziale Ideal des Reichsarbeitsgerichts (Abhandlungen zum Arbeitsrecht, Heft 7), Mannheim / Berlin / Leipzig 1931; AdsD, NL Mestitz, Mappe 3, Brief Mestitz an Ramm, 17. Mai 1980.

72 *Kahn-Freund*, Ideal, S. 1; *Ludyga*, Otto Kahn-Freund, S. 35–41.

73 *Ludyga*, Otto Kahn-Freund, S. 37.

74 *Tim Husemann*, Gehen oder bleiben – Zwei Arbeitsrechtsgelehrte und der Faschismus. Otto Kahn-Freund und Wolfgang Siebert in der Gegenüberstellung, in: Jahrbuch der Juristischen Zeitgeschichte 13 (2012), S. 209–239, hier S. 251; *Ludyga*, Otto Kahn-Freund, S. 37.

„Gedankengängen des Faschismus“[75]. Kahn-Freund richtete sich in Hinblick auf den Begriff des Faschismus nach dem „faschistischen italienischen Recht“[76].

Mestitz würdigte Kahn-Freund mit den Worten:

> „Kahn-Freund war der politische Jurist, der das freiheitlich kollektive Arbeitsrecht als politisches Phänomen zu begreifen und es juristisch zu verarbeiten wusste und in beidem das Werk Sinzheimers fortgesetzt, vertieft und bereichert hat.“[77]

Das „bedeutendste Werk“[78] von Kahn-Freund nach 1945 war die Untersuchung „Labour and the Law“ von 1972[79]. 1979 erschien diese Schrift in deutscher Sprache unter dem Titel „Arbeit und Recht“. Mestitz nahm die Übersetzung des Buches in Absprache mit Kahn-Freund vor[80]. Inhalt der Schrift „Arbeit und Recht“ bildeten das „Tarifvertragsrecht, Arbeitskampfrecht und die Stellung der Gewerkschaften aus dogmengeschichtlicher und rechtsdogmatischer Perspektive“[81]. Mestitz übersetzte Vorträge Kahn-Freunds, die dieser im November und Dezember 1978 vor der „Britischen Akademie“ hielt. Die Übersetzung erschien 1981, nachdem Kahn-Freund bereits gestorben war[82].

75 *Kahn-Freund*, Ideal, S. 25.

76 *Husemann*, Gehen oder bleiben, S. 215; *Ludyga*, Otto Kahn-Freund, S. 37.

77 AdsD, NL Mestitz, Mappe 3, Brief Mestitz an Ramm, 17. Mai 1980.

78 *Ludyga*, Otto Kahn-Freund, S. 83.

79 *Otto Kahn-Freund*, Labour and the Law (The Hamlyn Lectures, 24), London 1972.

80 *Otto Kahn-Freund*, Arbeit und Recht. Aus dem Englischen übersetzt von Franz Mestitz (Schriftenreihe der Otto-Brenner Stiftung, Bd. XXXI), Köln / Frankfurt 1979; *Ludyga*, Otto Kahn-Freund, S. 83; AdsD, NL Mestitz, Mappe 1/2, Brief Mestitz an Bund-Verlag GmbH, 11. Mai 1977.

81 *Ludyga*, Otto Kahn-Freund, S. 83.

82 *Otto Kahn-Freund*, Arbeitsbeziehungen. Erbe und Anpassung – Vorträge gehalten in der Britischen Akademie am 27. und 30. November und am 4. Dezember 1978. Mit einer Einleitung versehen und aus dem Englischen übersetzt von Franz Mestitz, Baden-Baden 1981.

H) Zusammenfassung

Mestitz, der ein Schüler Sinzheimers war, wurde 1904 im böhmischen Roudnice/Raudnitz geboren, wo er die tschechische Volksschule besuchte. Er betrachtete sich als „Jude, Sozialist und Wissenschaftler" sein Leben lang als Außenseiter[1]. Antisemitische Übergriffe prägten ihn seit seiner Kindheit. Im Alter von acht Jahren zog Mestitz mit seinen Eltern von Böhmen nach Wien, wo er das „Akademische Gymnasium" besuchte. Als Gymnasiast fühlte er sich der „bündischen Jugend und der sozialistischen Jugendbewegung verbunden"[2]. Nach dem Abitur studierte er an der Rechts- und Staatswissenschaftlichen Fakultät der Universität Wien Rechtswissenschaften. Dieses Studium beendete er 1928 erfolgreich. Während seines Studiums beeindruckte ihn insbesondere die Schrift von Radbruch „Einführung in die Rechtswissenschaft"[3]. Das Interesse am Arbeitsrecht weckten bei ihm Veranstaltungen an der „Wiener Kammer für Arbeiter und Angestellte". Seit seiner Studienzeit war Mestitz Mitglied der SPÖ. Er fühlte sich dem Austromarxismus zugehörig.

Mestitz wurde an der Rechts- und Staatswissenschaftlichen Fakultät der Universität Wien promoviert und siedelte 1928 nach Frankfurt am Main über. In Frankfurt am Main war er Mitarbeiter in der Rechtsanwaltskanzlei von Sinzheimer. Er trat zunächst der SPD und schließlich der SAPD bei. Pläne von Mestitz, an der Goethe-Universität zu habilitieren, scheiterten aufgrund der Machtübernahme der Nationalsozialisten. In Frankfurt am Main war Mestitz Dozent an der „Akademie der Arbeit", die die Nationalsozialisten Ende März 1933 schlossen.

Mestitz emigrierte kurz nach der Machtübernahme der Nationalsozialisten in die Tschechoslowakei. Er wurde in Bratislava Mitglied des „Sekretariats der Vereinigung der slowakischen Industrie". Ohne Erfolg blieben Anstrengungen von Mestitz zur Emigration in die USA im Jahre 1939. Im August 1944 „tauchte" Mestitz in einem Versteck in Bratislava „unter"[4]. Er überlebte im

1 AdsD, NL Mestitz, Mappe 9, Anmerkungen zu meinem Leben, Zweite, ergänzte Fassung, 1988, S. 1.

2 AdsD, NL Mestitz, Mappe 9, Anmerkungen zu meinem Leben, Zweite, ergänzte Fassung, 1988, S. 7–8, 11.

3 AdsD, NL Mestitz, Mappe 9, Anmerkungen zu meinem Leben, Zweite, ergänzte Fassung, 1988, S. 14, 135; *Radbruch*, Einführung in die Rechtswissenschaft.

4 AdsD, NL Mestitz, Mappe 9, Anmerkungen zu meinem Leben, Zweite, ergänzte Fassung, 1988, S. 24.

https://doi.org/10.1515/9783111388656-008

Versteck und blieb nach der Befreiung in der Tschechoslowakei. Eine Möglichkeit zur Emigration in die USA im Februar 1946 nahm er nicht wahr[5]. In der Zeit nach der Befreiung trat er in das „Kommissariat für Gewerbe und Industrie" ein. In diesem Kommissariat besaß er die Zuständigkeit für die Verstaatlichung von Unternehmen. Mitglied der KPTsch wurde er im Frühjahr 1946. Zwischen 1947 und 1950 bekleidete er den Posten eines „Chefs des Kabinetts" des „Kommissars für Arbeit und Soziales".

Mestitz beendete 1949 sein Habilitationsverfahren an der Comenius-Universität in Bratislava. Verliehen wurden ihm die Venien für Staats-, Verwaltungs- und Arbeitsrecht. Ab 1950 war Mestitz Professor für Arbeitsrecht an der Comenius-Universität in Bratislava. Die KPTsch schloss ihn 1952 im Zuge der „*Slánský*-Prozesse" aus der Partei aus. Zudem wurde Mestitz 1952 als Hochschullehrer entlassen. Eine Ursache des Ausschlusses aus der Partei und der Entlassung als Hochschullehrer bildete Antisemitismus[6]. Zwischen 1954 und 1964 war Mestitz Bibliothekar in der Universitätsbibliothek in Bratislava. Er wurde 1964 rehabilitiert und wieder in die KPTsch aufgenommen. Zudem erhielt er erneut einen Lehrstuhl an der Comenius-Universität in Bratislava. Umfassende Aktivitäten entfaltete er in den 1960er-Jahren in den Gewerkschaften.

Nach dem „Prager Frühling" erfolgte die Zwangsemeritierung von Mestitz, der erklärte, „voll und ganz hinter den Reformbestrebungen des Prager Frühlings" zu stehen. Den Einmarsch fremder Truppen in die Tschechoslowakei nannte Mestitz eine „nachhaltige und folgenreiche Schädigung der internationalen Arbeiterbewegung"[7]. Im Laufe seines Lebens entwickelte Mestitz ein kritisches Verhältnis zum Marxismus aufgrund seiner Begegnung mit dem „sowjetischen Stalinismus"[8]. Nach dem „Prager Frühling" wurde Mestitz erneut aus der KPTSch ausgeschlossen.

Mestitz reiste 1972 aus der Tschechoslowakei in die Bundesrepublik Deutschland ein, wo er sich in Frankfurt am Main niederließ. An der Goethe-Universität nahm er einen Lehrauftrag über die „Geschichte des deutschen Arbeitsrechts und vergleichendes Arbeitsrecht" wahr. In Frankfurt am Main starb Mestitz, der nach 1945 einer der prominentesten Arbeits- und Sozial-

5 AdsD, NL Mestitz, Mappe 9, Anmerkungen zu meinem Leben, Zweite, ergänzte Fassung, 1988, S. 18–19.

6 AdsD, NL Mestitz, Mappe 9, Anmerkungen zu meinem Leben, Zweite, ergänzte Fassung, 1988, S. 36.

7 AdsD, NL Mestitz, Mappe 9, Anmerkungen zu meinem Leben, Zweite, ergänzte Fassung, 1988, S. 103.

8 AdsD, NL Mestitz, Mappe 9, Anmerkungen zu meinem Leben, Zweite, ergänzte Fassung, 1988, S. 61.

rechtler im östlichen Europa war, am 21. Juli 1994. Beerdigt wurde er wenige Wochen nach seinem 90. Geburtstag auf dem Hauptfriedhof in Frankfurt am Main[9]. Familienangehörige, Freunde und Kollegen feierten den 90. Geburtstag in Abwesenheit von Mestitz, der an der Feier krankheitsbedingt nicht teilnahm. Eine Rede zum 90. Geburtstag hielt Kampffmeyer, der sprach:

> „So grüßen wir Dich Franz, Zeitzeuge unseres Jahrhunderts an der Jahrtausendwende, als klugen, guten und liebenswerten Freund, der uns mitgeholfen hat, dieses bewegende und bewegte Jahrhundert zu bestehen."[10]

9 Goethe-Universität Frankfurt am Main, Universitätsarchiv, Bestand Abt. 114 Nr. 108, Blatt 1, Manfred Weiss, Franz Mestitz gestorben. Engagement und Lebensmut, in: Uni Report 23. November 1994; Goethe-Universität Frankfurt am Main, Universitätsarchiv, Bestand Abt. 114 Nr. 108, Blatt 2, Todesanzeige Franz Mestitz.

10 Privatbesetz Jan Taussig, Rede von Hans Kampffmeyer.

ANHANG

Literatur- und Quellenverzeichnis

I. Ungedruckte Quellen

Archiv der sozialen Demokratie (AdsD), Nachlass (NL) Bestand Franz Mestitz.

Goethe-Universität Frankfurt am Main, Universitätsarchiv, Bestand Abt. 114 Nr. 108.

Privatbesitz Jan Taussig, Dokumente von und über Franz Mestitz.

II. Gedruckte Quellen

Brunner, Georg / Meissner, Boris (Hrsg.), Verfassungen der kommunistischen Staaten, Paderborn / München / Wien / Zürich 1980.

Das tschechische Schwarzbuch. Die Tage vom 20. bis 27. August 1968 in Dokumenten und Zeugenaussagen, hrsg. von Werner Marx – Günther Wagenlehner, Stuttgart - Degerloch 1969.

Die Vertreibung der Deutschen Bevölkerung aus der Tschechoslowakei (Dokumentation der Vertreibung der Deutschen aus Ost-Mitteleuropa, Bd. IV/1), hrsg. vom Bundesministerium für Vertriebene, Flüchtlinge und Kriegsgeschädigte, Berlin 1957.

Epstein, Leo, Studienausgabe der Verfassungsgesetze der Tschechoslowakischen Republik, Reichenberg 1932.

Frankfurter Adressbuch, 1931–1932.

Landesgesetzblatt für Wien, Jahrgang 1920.

Reichs-Gesetz-Blatt für das Kaiserthum Oesterreich, 1867.

Reichsgesetzblatt für die im Reichsrathe vertretenen Königreiche und Länder, Wien 1893.

Reichs=Gesetzblatt 1919 Teil I, 1920.

Reichsgesetzblatt 1938 Teil II, 1939 Teil I.

Staatsgesetzblatt für den Staat Deutschösterreich, Jahrgänge 1918, 1919.

Staatsgesetzblatt für die Republik Österreich, Jahrgänge 1919, 1920.

Statistisches Jahrbuch der Stadt Wien. Wien in Zahlen, hrsg. vom Magistrat der Stadt Wien, Wien 2021.

Verfassungsgesetz vom 9. Mai 1948. Die Verfassung der Tschechoslowakischen Republik. In der Sammlung der Gesetze und Verordnungen der Tschechoslowakischen Republik kundgemacht am 9. Juni 1948 unter Nr. 150.

https://doi.org/10.1515/9783111388656-009

III. Zeitungen und Zeitschriften

Arbeiter=Zeitung. Zentralorgan der österreichischen Sozialdemokratie, 17. September 1899, 28. April 1900.

British Medical Journal, 26. Dezember 1959.

Die Welt, 20. Mai 1947.

Prager Abendblatt, 15. November 1900.

Zeitschrift für soziales Recht, hrsg. von der Kammer für Arbeiter und Angestellte Wien, 1928–1934.

IV. Literatur

Adler, Franz, Die Grundgedanken der tschechoslowakischen Verfassungsurkunde in der Entwicklungsgeschichte des Verfassungsrechts (Osteuropa-Institut Breslau, Quellen und Studien, I. Abteilung Recht, Neue Folge, Bd. 3), Berlin 1927.

Alicke, Klaus-Dieter, Lexikon der jüdischen Gemeinden im deutschen Sprachraum, Bd. 3, Gütersloh 2008.

Altenhofer, Norbert, Gustav Landauer, in: Neue Deutsche Biographie, Bd. 13, hrsg. von der Historischen Kommission bei der Bayerischen Akademie der Wissenschaften, Berlin 1982, S. 491–493.

Amend-Traut, Anja (Hrsg.), Ein Leben für die Rechtsgeschichte – Bernhard Diestelkamp zum 90. Geburtstag (Gesellschaft für Kammergerichtsforschung, Heft 50), Wetzlar 2020.

Antrick, Otto, Die Akademie der Arbeit in der Universität Frankfurt am Main Idee, Werden, Gestalt, Darmstadt 1966.

Bader, Karl Siegfried, Otto von Gierke, in: Neue Deutsche Biographie, Bd. 6, hrsg. von der Historischen Kommission bei der Bayerischen Akademie der Wissenschaften, Berlin 1964, S. 374–375.

Bahlcke, Joachim, Geschichte Tschechiens. Vom Mittelalter bis zur Gegenwart, München 2014.

Baltl, Hermann, Österreichische Rechtsgeschichte. Von den Anfängen bis zur Gegenwart, Graz 1997.

Barkai, Avraham, Politische Orientierungen und Krisenbewusstsein, in: Avraham Barkai / Paul Mendes-Flohr, Deutsch-jüdische Geschichte in der Neuzeit, Bd. 4, Aufbruch und Zerstörung 1918–1945, München 1997, S. 102–124.

Bauer, Kurt, Nationalsozialismus. Ursprünge, Anfänge, Aufstieg und Fall, Wien / Köln / Weimar 2008.

Biographisches Handbuch der deutschsprachigen Emigration nach 1933–1945, hrsg. vom Institut für Zeitgeschichte – Research Foundation for Jewish Immigration, Bd. 1, Bd. 2, Teil 1 und Teil 2, München 1999.

Blanke, Sandro, Hugo Sinzheimer, in: Neue Deutsche Biographie, Bd. 24, hrsg. von der Historischen Kommission bei der Bayerischen Akademie der Wissenschaften, Berlin 2010, S.474–475.

Ders., Soziales Recht oder kollektive Privatautonomie? Hugo Sinzheimer im Kontext nach 1900 (Beiträge zur Rechtsgeschichte des 20. Jahrhunderts, Bd. 46), Tübingen 2005.

Bollnow, Hermann, Friedrich Engels, in: Neue Deutsche Biographie, Bd. 4, hrsg. von der Historischen Kommission bei der Bayerischen Akademie der Wissenschaften, Berlin 1959, S. 521–527.

Borries-Pusback, Bärbel von, Keine Hochschule für den Sozialismus. Die Gründung der Akademie für Gemeinwirtschaft in Hamburg 1945–1955, Wiesbaden 2002.

Boye, John W., Karl Lueger (1844–1910). Christlichsoziale Politik als Beruf. Eine Biografie, Wien / Köln / Weimar 2010.

Burger, Hannelore, Heimatrecht und Staatsbürgerschaft. Vom Ende des 18. Jahrhunderts bis in die Gegenwart, Wien / Köln / Graz 2014.

Cancik, Pascale, Michael Stolleis (1941–2021), in: Juristenzeitung 76 (2021), S. 459–460.

Conze, Werner, Paul von Hindenburg, in: Neue Deutsche Biographie, Bd. 9, hrsg. von der Historischen Kommission bei der Bayerischen Akademie der Wissenschaften, Berlin 1972, S. 178–182.

Dahnke, Gustav, Theodor Thomas, in: Ludwig Heyde (Hrsg.), Internationales Handbuch des Gewerkschaftswesens, Bd. 2, Berlin 1932, S. 1688.

Dirschmied, Karl, Tschechoslowakei/Ungarn, in: Das Recht der Arbeit Heft 98 (1969), S. 105–111.

Döhring, Erich, Eugen Ehrlich, in: Neue Deutsche Biographie, Bd. 4, hrsg. von der Historischen Kommission bei der Bayerischen Akademie der Wissenschaften, Berlin 1959, S. 362.

Drechsel, Hanno, Die Sozialistische Arbeiterpartei Deutschlands (SAPD). Ein Beitrag zur Geschichte der deutschen Arbeiterbewegung am Ende der Weimarer Republik (Marburger Abhandlungen zur Politischen Wissenschaft, Bd. 2), Meisenheim am Glan 1965.

Drobnig, Ulrich, Max Rheinstein (1899–1977), in: Festschrift 200 Jahre Juristische Fakultät der Humboldt-Universität zu Berlin. Geschichte, Gegenwart und Zukunft, hrsg. von Stefan Grundmann / Michael Kloepfer / Christoph G. Paulus / Rainer Schröder / Gerhard Werle, Berlin / New York 2010, S. 627–636.

Dubnow, Simon, Weltgeschichte des jüdischen Volkes. Von seinen Anfängen bis zur Gegenwart. Die neueste Geschichte, Bd. X, Das Zeitalter der zweiten Reaktion (1880–1914), Berlin 1929.

Düwell, Franz Josef, Das Erbe von Weimar. Unser Arbeitsrecht und seine Gerichtsbarkeit, in: Recht der Arbeit 63 (2010), S. 129–135.

Ďurica, Milan Stanislav, Jozef Tiso, in: Biographisches Lexikon zur Geschichte Südosteuropas, Bd. 4, hrsg. von Mathias Bernath / Karl Nehring, München 1981, S. 319–320.

Ehl, Petr / Parik, Arno / Fiedler, Jiri, Alte Judenfriedhöfe Böhmens und Mährens, Prag 1991.

Ehrlich, Anna, Kleine Geschichte Wiens, Regensburg 2011.

Engemann, Iris, Die Slowakisierung Bratislavas. Universität, Theater und Kultusgemeinden 1918–1948 (Studien zur Sozial- und Wirtschaftsgeschichte Ostmitteleuropas, Bd. 22), Wiesbaden 2012.

Erd, Rainer (Hrsg.), Reform und Resignation. Gespräche über Franz L. Neumann, Frankfurt am Main 1985.

Feder, Richard, Hebräisches Lehrbuch, Prag [2]1923.

Fenn, Herbert, Nachruf an Hellmut Georg Isele, in: Archiv für die civilistische Praxis 187 (1987), S. 219–221.

Fetscher, Iring, Karl Marx, in: Neue Deutsche Biographie, Bd. 16, hrsg., von der Historischen Kommission bei der Bayerischen Akademie der Wissenschaften, Berlin 1990, S. 328–344.

Ders., Rosa Luxemburg, in: Neue Deutsche Biographie, Bd. 15, hrsg., von der Historischen Kommission bei der Bayerischen Akademie der Wissenschaften, Berlin 1987, S. 578–582.

Fraenkel, Ernst, Hugo Sinzheimer, in: ders., Reformismus und Pluralismus. Materialien zu einer ungeschriebenen politischen Autobiographie, hrsg. von Falk Esche / Frank Grube, Hamburg 1973, S. 131–142.

Ders., Hugo Sinzheimer, in: Juristenzeitung 13 (1958), S. 457–461.

Frei, Christoph, Hans J. Morgenthau. Eine intellektuelle Biographie (St. Gallener Studien zur Politikwissenschaft, Bd. 15), Bern / Stuttgart / Wien 1993.

Georg, J., Das tschechoslowakische Arbeitsrecht unter Berücksichtigung der Novellierung des Arbeitsgesetzbuches im Jahre 1975, in: Recht der Arbeit 29 (1976), S. 374–378.

Gerber, Jan, Ein Prozess in Prag. Das Volk gegen Rudolf Slánský und Genossen (Schriften des Simon-Dubnow-Instituts, Bd. 26), Göttingen 2016.

Gladt, K., Jakob Reumann, in: Österreichisches Biographisches Lexikon, Bd. 9, hrsg. von der Österreichischen Akademie der Wissenschaften, Wien 1988, S. 96.

Goldinger, Walter, Karl Renner, in: Österreichisches Biographisches Lexikon, Bd. 9, hrsg. von der Österreichischen Akademie der Wissenschaften, Wien 1988, S. 80–81.

Goldinger, W., Tomáš Garrigue Masaryk, in: Österreichisches Biographisches Lexikon, Bd. 6, hrsg. von der Österreichischen Akademie der Wissenschaften, Wien 1975, S. 123–124.

Goller, Peter, Geschichte der Arbeitsrechtswissenschaften in Österreich. Studien über Isidor Ingwer (1866–1942) und Eduard Rabofsky (1911–1994), Wien 2004.

Grebing, Helga, Jüdische Intellektuelle in der deutschen Arbeiterbewegung zwischen den beiden Weltkriegen, in: Archiv für Sozialgeschichte 37 (1997), S. 19–38.

Grünhut, Aaron, Katastrophenzeit des slowakischen Judentums. Aufstieg und Niedergang der Juden von Pressburg, Tel Aviv 1972.

Hantsch, Hugo, Franz Joseph, in: Neue Deutsche Biographie, Bd. 5, hrsg. von der Historischen Kommission bei der Bayerischen Akademie der Wissenschaften, Berlin 1961, S. 361–364.

Hilberg, Raul, Die Vernichtung der europäischen Juden, Bd. 2, Frankfurt am Main 1990.

Hockerts, Hans Günter, Zugänge zur Zeitgeschichte. Primärerfahrung, Erinnerungskultur und Geschichtswissenschaft, in: Aus Politik und Zeitgeschichte 51 (2001), S. 13–53

Höbelt, Lothar, Karl Stürgkh, in: Neue Deutsche Biographie, Bd. 25, hrsg. von der Historischen Kommission bei der Bayerischen Akademie der Wissenschaften, Berlin 2013, S. 632–634.

Hoensch, Jörg, Geschichte der Tschechoslowakei, Stuttgart / Berlin / Köln ^{3}1992.

Horvath, Julius, An Introduction to the History of Economic Thought in Central Europe, Cham 2020.

Hradská, Katarína, Die Lage der Juden in der Slowakei, in: Jörg Hoensch / Stanislav Biman / Ľubomír Lipták (Hrsg.), Judenemanzipation – Antisemitismus – Verfolgung in Deutschland, den Böhmischen Ländern und der Slowakei (Veröffentlichungen der Deutsch-Tschechischen und der Deutsch-Slowakischen Historikerkommission, Bd. 6 = Veröffentlichungen des Instituts für Kultur und Geschichte der Deutschen im östlichen Europa, Bd. 13), Essen 1999, S. 155–164.

Husemann, Tim, Gehen oder bleiben – Zwei Arbeitsrechtsgelehrte und der Faschismus. Otto Kahn-Freund und Wolfgang Siebert in der Gegenüberstellung, in: Jahrbuch der Juristischen Zeitgeschichte 13 (2012), S. 209–239.

Iggers, Wilma (Hrsg.), Die Juden in Böhmen und Mähren. Ein historisches Lesebuch, München 1986.

Internationaler Bund freier Gewerkschaften, Die Tschechoslowakischen Gewerkschaften (1870–1970). Der Prager Frühling – Besetzung und „Normalisierung“ – Folgen, Brüssel 1970.

Isele, Hellmut Georg, Familie und Familienerbe (Grundrisse des Deutschen Rechts), Tübingen 1938.

Jacobi, Erwin, Grundlehren des Arbeitsrechts, Leipzig 1927.

Kahn-Freund, Otto, Autobiographische Erinnerungen an die Weimarer Republik, in: Kritische Justiz 14 (1981), S. 183–200.

Ders., Arbeitsbeziehungen. Erbe und Anpassung – Vorträge gehalten in der Britischen Akademie am 27. und 30. November und am 4. Dezember 1978. Mit einer Einleitung versehen und aus dem Englischen übersetzt von Franz Mestitz, Baden-Baden 1981.

Ders., Arbeit und Recht. Aus dem Englischen übersetzt von Franz Mestitz (Schriftenreihe der Otto-Brenner Stiftung, Bd. XXXI), Köln / Frankfurt 1979.

Ders., Labour and the Law (The Hamlyn Lectures, 24), London 1972.

Ders., Das soziale Ideal des Reichsarbeitsgerichts (Abhandlungen zum Arbeitsrecht, Heft 7), Mannheim / Berlin / Leipzig 1931.

KAHN-FREUND, Otto / FLATOW, Georg, Betriebsrätegesetz vom 4. Februar 1920, Berlin 13. Auflage 1931.

KAMENEC, Ivan, Die jüdische Frage in der Slowakei während des Zweiten Weltkriegs, in: Jörg Hoensch / Stanislav Biman / Ľubomír Lipták (Hrsg.), Judenemanzipation – Antisemitismus – Verfolgung in Deutschland, den Böhmischen Ländern und der Slowakei (Veröffentlichungen der Deutsch-Tschechischen und der Deutsch-Slowakischen Historikerkommission, Bd. 6 = Veröffentlichungen des Instituts für Kultur und Geschichte der Deutschen im östlichen Europa, Bd. 13), Essen 1999, S. 165–173.

KAMPFFMEYER, Thomas, Biografie Hans Kampffmeyer, in: Martin Wentz (Hrsg.), Hans Kampffmeyer. Planungsdezernent in Frankfurt am Main 1956–1972, Frankfurt am Main / New York 2000, S. 223–259.

KARADY, Victor, Gewalterfahrung und Utopie. Juden in der europäischen Moderne, Frankfurt am Main 1999.

KASKEL, Walter, Arbeitsrecht, Berlin 1928.

KEMPEN, Otto Ernst, Hugo Sinzheimer. Architekt des kollektiven Arbeitsrechts und Verfassungspolitiker (Gründer, Gönner und Gelehrte, Bd. 16), Frankfurt am Main 2017.

KLUKE, Paul, Die Stiftungsuniversität Frankfurt am Main 1914–1932, Frankfurt am Main 1972.

KNORRE, Susanne, Soziale Selbstbestimmung und individuelle Verantwortung. Hugo Sinzheimer (1875–1945). Eine politische Biographie (Beiträge zur Politikwissenschaft, Bd. 45), Frankfurt am Main / Bern / Bruxelles / New York / Paris 1991.

KOCHER, Eva, Die historische „Zeitschrift für soziales Recht" – 1928–1934. Gegenstände und Bedeutung des Konzepts in heutiger Zeit, in: Soziales Recht 2013, S. 53–63.

KOELTZSCH, Ines / FRANKL, Michal / NIEDHAMMER, Martina, Plötzlich Tschechoslowaken, 1917–1938, in: Katerina Capkova / Hillel J. Kieval (Hrsg.), Zwischen Prag und Nikolsburg. Jüdisches Leben in den böhmischen Ländern (Veröffentlichungen des Collegium Carolinum, Bd. 140), Göttingen 2020, S. 209–264.

DIES., Slánský-Prozess, in: Wolfgang Benz (Hrsg.), Handbuch des Antisemitismus, Bd. 4, Ereignisse, Dekrete, Kontroversen, Berlin / Boston 2011, S. 386–387.

KONRÁD, Ota / KÜPPER, René (Hrsg.), Edvard Beneš: Vorbild und Feindbild, politische, mediale und historiographische Deutungen, Göttingen 2013.

KORKISCH, Friedrich, Die verfassungsrechtliche Entwicklung in der Tschechoslowakei bis zur Verfassung vom 9. Mai 1948, in: Zeitschrift für ausländisches öffentliches Recht und Völkerrecht 13 (1950/51) S. 670–687.

KRAUS, Hans-Christof, Eugen Rosenstock-Hussey, in: Neue Deutsche Biografie, Bd. 22, hrsg. von der Historischen Kommission bei der Bayerischen Akademie der Wissenschaften, Berlin 2005, S. 75–76.

KREUZER, Franz, Gespräch mit Hans Zeisel, in: ders., Die Ohnmacht der Henker, Wien 1986, S. 7–34.

KUBO, Keiji, Hugo Sinzheimer – Vater des deutschen Arbeitsrechts. Eine Biographie (Schriftenreihe der Otto-Brenner-Stiftung, Bd. 60), Köln 1995.

LADNER, Gerhart B., Erinnerungen (Österreichische Akademie der Wissenschaften, Philosophisch-Historische Klasse, Sitzungsberichte, Bd. 617), Wien 1994.

LADWIG-WINTERS, Simone, Ernst Fraenkel. Ein politisches Leben, Frankfurt am Main / New York 2009.

LAMMICH, Siegfried, Die Verfassung der Tschechoslowakei (Quellen zur Rechtsvergleichung – Die Gesetzgebung der sozialistischen Staaten, 20) Berlin 1981.

LANDAUER, Gustav, Aufruf zum Sozialismus, Berlin 1919.

LEHNER, Oskar, Österreichische Verfassungs- und Verwaltungsgeschichte mit Grundzügen der Wirtschafts- und Sozialgeschichte, Linz 4. Auflage 2007.

LENGEMANN, Jochen, Das Hessen-Parlament 1946–1986. Biographisches Handbuch des Beratenden Landesausschusses, der Verfassungsberatenden Landesversammlung und des Hessischen Landtags, hrsg. vom Präsidenten des Hessischen Landtags, Frankfurt am Main 1986, S. 391–392.

LEPSIUS, Oliver, Max Rheinstein, in: Neue Deutsche Biographie, Bd. 21, Berlin 2003, S. 493–494.

LIPSCHER, Ladislav, Die Juden im Slowakischen Staat 1939–1945 (Veröffentlichungen des Collegium Carolinum, Bd. 35), München / Wien 1980.

DERS., Verfassung und politische Verwaltung in der Tschechoslowakei 1918–1939 (Veröffentlichungen des Collegium Carolinum, Bd. 34), München 1979.

LÖWY, E. F., Dejiny Zidu v Roudnici nad Labem, in: Hugo Gold (Hrsg.), Die Juden und die Judengemeinden Böhmens in Vergangenheit und Gegenwart, Bd. 1, Brünn / Prag 1934, S. 522–528.

LÜBKE, Christian, Raudnitz, in: Joachim Bahlke / Winfried Eberhard / Miloslav Polivka (Hrsg.), Böhmen und Mähren (Handbuch der Historischen Stätten), Stuttgart 1998, S. 511–513.

LUKES, Igor, Der Fall Slánský. Eine Exilorganisation und das Ende des tschechoslowakischen Kommunistenführers 1952, in: Vierteljahreshefte für Zeitgeschichte 47 (1999), S. 459–501.

LUDYGA, Hannes, Otto Kahn-Freund (1900–1979). Ein Arbeitsrechtler in der Weimarer Zeit (Juristische Zeitgeschichte, Abteilung 4: Leben und Werk, Bd. 16), Berlin 2016.

DERS., Philipp Auerbach (1906–1952). „Staatskommissar für rassisch, religiös und politisch Verfolgte“ (Juristische Zeitgeschichte, Abteilung 8, Jüdisches Recht, Judenrecht, Recht und Antisemitismus, Bd. 1), Berlin 2005.

MADERTHANER, Wolfgang, Von der Zeit um 1860 bis zum Jahr 1945, in: Peter Csendes / Ferdinand Opll (Hrsg), Wien. Geschichte einer Stadt, Bd. 3, Von 1790 bis zur Gegenwart, Wien / Köln / Weimar 2006, S. 175–544.

MAIER, Dieter G. / NÜRNBERGER, Jürgen, 125. Geburtstag des Mitbegründers der Neuen Zeitschrift für Arbeitsrecht Walter Kaskel und des neuzeitlichen Arbeitsrechts in Deutschland, NJW 60 (2007), S. 1414–1417.

MAIER, Dieter G. / NÜRNBERGER, Jürgen, Georg und Hedwig Flatow. Für Arbeitnehmerrechte und soziale Fürsorge (Jüdische Miniaturen, Bd. 252), Leipzig 2020.

Mallmann, Werner, Friedrich Giese, in: Neue Deutsche Biographie, Bd. 6, hrsg. von der Historischen Kommission bei der Bayerischen Akademie der Wissenschaften, Berlin 1964, S. 377–378.

Maly, Karl, Das Regiment der Parteien. Geschichte der Frankfurter Stadtverordnetenversammlung, Bd. 2, 1901–1933 (Veröffentlichungen der Frankfurter Historischen Kommission XVIII/2), Frankfurt am Main 1995.

Mertens, Christian, Richard Weiskirchner, in: Österreichisches Biographisches Lexikon, Bd. 16, hrsg. von der Österreichischen Akademie der Wissenschaften, Wien 2019, S. 81–82.

Mestitz, Franz, Hugo Sinzheimer und das Arbeitsrecht – einst und jetzt, in: Zeitschrift für Neuere Rechtsgeschichte 15 (1993), S. 35–53.

Ders., Zur Geschichte des Tarifvertragsrechts. Zwei Briefe von Philipp Lotmar an Hugo Sinzheimer, in: Zeitschrift für Neuere Rechtsgeschichte 9 (1987), S. 36–50.

Ders., Zur Wirkungsgeschichte des Arbeitsrechts, in: Harald Steindl (Hrsg.), Wege zur Arbeitsrechtsgeschichte (Ius commune, Veröffentlichungen des Max-Planck-Instituts für europäische Rechtsgeschichte, Sonderhefte, Texte und Monografien, Bd. 20), Frankfurt am Main 1984, S. 1–28.

Ders., Rezension zu: Claas-Hinrich Germelmann, Theorie und Geschichte des Streikrechts (Erträge der Forschung, Bd. 140), Darmstadt 1980, in: Zeitschrift für Neuere Rechtsgeschichte 3 (1981), S. 95–97.

Ders., Rezension zu: Gerhard A. Ritter, Staat, Arbeiterschaft und Arbeiterbewegung in Deutschland. Vom Vormärz bis zum Ende der Weimarer Republik, Berlin / Bonn 1980, in: Zeitschrift für Neuere Rechtsgeschichte 3 (1981), S. 237–239.

Ders., Probleme der Geschichte des Arbeitsrechts, in: Zeitschrift für Neuere Rechtsgeschichte 2 (1980), S. 47–65.

Ders., Was bedeutet ein Recht auf Arbeit? Erwägungen zu einer aktuellen Forderung, in: Evangelische Kommentare. Monatsschrift zum Zeitgeschehen in Kirche und Gesellschaft 10 (1977), S. 461–462.

Ders., Das Recht auf Arbeit – in der Sicht der Rechtswissenschaft, in: Universitas 31 (1976), S. 1173–1182.

Ders., Rezension zu: Norbert Reich, Sozialismus und Zivilrecht. Eine rechtstheoretisch-rechtshistorische Studie zur Zivilrechtstheorie und Kodifikationspraxis im sowjetischen Gesellschafts- und Rechtssystem, Frankfurt am Main 1972, in: Archiv für die civilistische Praxis 176 (1976), S. 80–90.

Ders., Andor Weltner, Fundamental Traits of Socialist Labour Law, With Special Regard to Hungarian Legislation, Budapest 1970, in: Rabels Zeitschrift für ausländisches und internationales Privatrecht 40 (1976), S. 345–350.

Ders., Tschechoslowakei. Arbeitsrecht und Wirtschaftslenkung, in: Das Recht der Arbeit Heft 99 (1969), S. 185–191.

Ders., Das neue tschechoslowakische Bibliotheksgesetz, in: Zentralblatt für Bibliothekswesen 74 (1960), S. 7–28.

DERS., Neues französisches Arbeitsrecht. Gleichzeitig ein Beitrag zur Vergleichung der Theorien des deutschen und des französischen Arbeitsrechts, in: Zeitschrift für vergleichende Rechtswissenschaft 48 (1934), S. 104–150.

DERS., Der neue deutsche Reichswirtschaftsrat – Tendenzen im neuen deutschen Arbeitsrecht, in: Zeitschrift für soziales Recht 5 (1932/1933), S. 195–206.

DERS., Zur Gestaltung des arbeitsrechtlichen Unterrichts, in: Ernst Michel (Hrsg), Die Akademie der Arbeit in der Universität Frankfurt am Main 1921–1931, Frankfurt am Main 1931, S. 79–85.

DERS., Betriebsräte- und Koalitionsrecht, in: Friedrich Giese (Hrsg.), Die Beamten-Hochschule. Lehr- und Handbuch zur hochschulmäßigen Fortbildung der deutschen Beamten, Berlin / Wien 1930, S. 1189–1228.

DERS., Schlichtungsrecht, in: Friedrich Giese (Hrsg.), Die Beamten-Hochschule. Lehr- und Handbuch zur hochschulmäßigen Fortbildung der deutschen Beamten, Berlin / Wien 1930, S. 1229–1240.

DERS., Zur Frage der Rechtsnatur der Satzung (§§ 16 f. E.A.G.), in: Zeitschrift für soziales Recht 2 (1929/30), S. 34–40.

MICHALIČKA, Vladimír / VANĚKOVÁ, Daniela, Die Entwicklung des Hochschulwesens in den Jahren 1945–1989. Historische Einleitung, in: Beata Blehova / Peter Bachmair (Hrsg.), Die Bildungs-, Wissenschafts- und Kulturpolitik in der Slowakei 1945–2004 (St. Pöltner Osteuropa Studien, Bd. 2), Frankfurt am Main / Berlin / Bruxelles / New York / Oxford / Wien 2004, S. 75–93.

MOROVICS, Miroslav, Die Hauptprobleme der Wissenschaft und Forschung in der Periode 1945–1989, in: Beata Blehova / Peter Bachmair (Hrsg.), Die Bildungs-, Wissenschafts- und Kulturpolitik in der Slowakei 1945–2004 (St. Pöltner Osteuropa Studien, Bd. 2), Frankfurt am Main / Berlin / Bruxelles / New York / Oxford / Wien 2004, S. 123–158.

NEUSSER, Gerold, Arbeitsrecht, in: Handwörterbuch zur deutschen Rechtsgeschichte, Bd. 1, hrsg. von Albrecht Cordes / Heiner Lück / Dieter Werkmüller / Ruth Schmidt-Wiegand, Berlin ^{2}2008, Sp. 279–285.

NUSSBAUM, Arthur, Der Polnaer Ritualmordprozess. Eine kriminalpsychologische Untersuchung auf aktenmässiger Grundlage, Berlin 1906.

O.V., Die tschechoslowakische Arbeiterklasse war 1968 nicht mündig, in: Osteuropa 20 (1970), S. A587–A591.

O.V., Zdeněk Fierlinger, Biographisches Lexikon zur Geschichte der böhmischen Länder, Bd. 1, hrsg. von Heribert Sturm, München / Wien 1979.

OBERKOFLER, Gerhard, Eduard Rabofsky (1911–1994). Jurist der Arbeiterklasse. Eine politische Biographie, Innsbruck / Wien 1997.

OSTERKAMP, Jana, Verfassungsgerichtsbarkeit in der Tschechoslowakei (1920–1939) (Studien zur europäischen Rechtsgeschichte, Bd. 243), Frankfurt am Main 2009.

OTTO, Martin, Von der Eigenkirche zum Volkseigenen Betrieb: Erwin Jacobi (1884–1965). Arbeits-, Staats- und Kirchenrecht zwischen Kaiserreich und DDR (Beiträge zur Rechtsgeschichte des 20. Jahrhunderts, Bd. 57), Tübingen 2008.

Philipp, Michael, Nachwort, in: Richard Feder, Jüdische Tragödie. Letzter Akt. Theresienstadt 1941–1945. Bericht eines Rabbiners, hrsg. von Michael Philipp, Potsdam 2004, S. 237–261.

Pokštefl, Josef, Verfassungs- und Regierungssystem der ČSSR (Veröffentlichungen des Collegium Carolinum, Bd 42), München / Wien 1982.

Postma, Ursula, In Memoriam Hugo Sinzheimer, in: Volker Jakob, Anne Frank war nicht allein. Lebensgeschichten deutscher Juden in den Niederlanden, Bonn 1988, S. 210–220.

Prinz, Friedrich, Geschichte Böhmens 1848–1948, Frankfurt am Main 1991.

Radbruch, Gustav, Einführung in die Rechtswissenschaft, Leipzig 1910.

Rasehorn, Theo, Der Untergang der deutschen linksbürgerlichen Kultur. Beschrieben nach den Lebensläufen jüdischer Juristen, Baden-Baden 1988.

Rebentisch Dieter, Ludwig Landmann, in: Neue Deutsche Biographie, Bd. 13, hrsg. von der Historischen Kommission bei der Bayerischen Akademie der Wissenschaften, Berlin 1982.

Reichling, Norbert, Akademische Arbeiterbildung in der Weimarer Republik (Reihe Arbeiterkultur, Bd. 10), Münster 1983.

Reiter, Ilse, Gustav Harpner (1864–1924). Vom Anarchistenverteidiger zum Anwalt der Republik, Wien / Köln / Weimar 2008.

Remmer Ulla, Die Wiener Buchhandlung Franz Leo & Comp. in der ersten Hälfte des 20. Jahrhunderts, in: Mitteilungen der Gesellschaft für Buchforschung in Österreich 2017–2, S. 23–49.

Rosen, Zvi, Max Horkheimer, München 1995.

Rückert, Joachim, Franz Leopold Neumann, in: Neue Deutsche Biographie, Bd. 19, hrsg. von der Historischen Kommission bei der Bayerischen Akademie der Wissenschaften, Berlin 1998, S. 145–147.

Salzborn, Samuel, Otto Kirchheimer, in: Rüdiger Voigt / Ulrich Weiß (Hrsg.), Handbuch Staatsdenker, Stuttgart 2010, S. 210–211.

Schambeck, Herbert, Adolf Merkl, in: Neue Deutsche Biographie, Bd. 17, hrsg. von der Historischen Kommission bei der Bayerischen Akademie der Wissenschaften, Berlin 1994, S. 157–158.

Schelle, Karel / Tauchen, Jaromir, Grundriss der tschechoslowakischen Rechtsgeschichte, München 2009.

Scheu, Friedrich, Ein Band der Freundschaft. Schwarzwald-Kreis und Entstehung der Vereinigung Sozialistischer Mittelschüler, Wien / Köln / Graz 1985.

Schivelbusch, Wolfgang, Intellektuellendämmerung. Zur Lage der Frankfurter Intelligenz in den zwanziger Jahren, Frankfurt am Main 1982.

Schmeitzner, Mike, Max Seydewitz, in: Neue Deutsche Biographie, Bd. 24, hrsg. von der Historischen Kommission bei der Bayerischen Akademie der Wissenschaften, Berlin 2010, S. 290–292.

SCHMOECKEL, Mathias / MAETSCHKE, Matthias, Rechtsgeschichte der Wirtschaft. Seit dem 19. Jahrhundert, Tübingen [2]2016.

SEIFERT, Achim, „Von der Person zum Menschen im Recht" – zum Begriff des sozialen Rechts bei Hugo Sinzheimer, in: Soziales Recht 1 (2011), S. 62–73.

SIMITIS, Spiros, Die faktischen Vertragsverhältnisse als Ausdruck der gewandelten sozialen Funktion der Rechtsinstitute des Privatrechts, Frankfurt am Main 1957.

SINZHEIMER, Hugo, Grundzüge des Arbeitsrechts, Jena 1921, [2]1927.

SONNENBERGER, Hans Jürgen, Dieter Henrich zum 75. Geburtstag, in: Neue Juristische Wochenschrift 58 (2005), S. 3480.

SOZIALWISSENSCHAFTLICHES ARCHIV KONSTANZ (HRSG.), Carl Mayer 1902/1974, Konstanz / New York 1974.

SPENDEL, Günter, Gustav Radbruch, in: Neue Deutsche Biographie, hrsg. von der Historischen Kommission bei der Bayerischen Akademie der Wissenschaften, Bd. 21, Berlin 2003, S. 83–86.

STAUDIGL-CIECHOWICZ, Kamila, Exkurs: Akademischer Antisemitismus, in: Thomas Olechowski / Tamara Ehs / Kamila Staudigl-Ciechowicz (Hrsg.), Die Wiener Rechts- und Staatswissenschaftliche Fakultät 1918–1938 (Schriften des Archivs der Universität Wien, Bd. 20), Göttingen 2014, S. 67–77.

DIES., Das Studium der Rechtswissenschaften, in: Thomas Olechowski / Tamara Ehs / Kamila Staudigl-Ciechowicz (Hrsg.), Die Wiener Rechts- und Staatswissenschaftliche Fakultät 1918–1938 (Schriften des Archivs der Universität Wien, Bd. 20), Göttingen 2014, S. 129–172.

DIES., Römisches Recht, in: Thomas Olechowski / Tamara Ehs / Kamila Staudigl-Ciechowicz (Hrsg.), Die Wiener Rechts- und Staatswissenschaftliche Fakultät 1918–1938 (Schriften des Archivs der Universität Wien, Bd. 20), Göttingen 2014, S. 263–291.

STIEFEL, Dieter, Die Krise der Credit-Anstalt in den 1930er Jahren und ihre Folgen für das österreichische Bankensystem, in: Österreichische Zeitschrift für Geschichtswissenschaften 19 (2008), S. 117–141.

STOLLEIS, Michael, Geschichte des Sozialrechts in Deutschland. Ein Grundriss, Stuttgart 2003.

DERS., Geschichte des öffentlichen Rechts in Deutschland. Weimarer Republik und Nationalsozialismus, München 2002.

DERS., Franz Mestitz, in: Akademie der Arbeit in der Universität Frankfurt am Main, Mitteilungen Neue Folge 43 (1997), S. 1–2.

DERS., Friedrich Giese (1882–1958), in: Bernhard Dieselkamp / Michael Stolleis (Hrsg.), Juristen an der Universität Frankfurt am Main, Baden-Baden 1989, S. 117–127.

SUNDHAUSSEN, Holm, Tomáš Garrigue Masaryk, in: Biographisches Lexikon zur Geschichte Südosteuropas, Bd. 3, hrsg. von Mathias Bernath / Karl Nehring, München 1979, S. 112–114.

Szabó, Miloslav, Slowakische Rassengesetze (1939–1941), in: Wolfgang Benz (Hrsg.), Handbuch des Antisemitismus, Bd. 4, Ereignisse, Dekrete, Kontroversen, Berlin / Boston 2011, S. 387–389.

Taussig, Pavel, Ich habe den Todesmarsch überlebt. Erinnerungen und Tagebuch eines Elfjährigen, hrsg. von Sarah Friedrich / Uwe Neumärker, Berlin 2022.

Tenstedt, Florian, Walter Kaskel, in: Neue Deutsche Biographie, hrsg. von der Historischen Kommission bei der Bayerischen Akademie der Wissenschaften, Bd. 11, Berlin 1977, S. 318–319.

Thompson, Kenneth / Myers, Robert J., Truth and Tragedy. A Tributy to Hans J. Morgenthau, New Brunswick / London (Reprint) 1984.

Vojáček, Ladislav. Arbeitsrecht, in: ders. / Karel Schelle / Jaromír Tauchen (Hrsg.), Die Entwicklung des tschechischen Privatrechts (Juristische Fakultät der Masaryk-Universität, Bd. 394), Brno 2011, S. 204–237.

Volkmann, Peer Oliver, Heinrich Brüning (1885–1970). Nationalist ohne Heimat. Eine Teilbiographie (Forschungen und Quellen zur Zeitgeschichte, Bd. 52), Düsseldorf 2007.

Vollrath, Hanna, Alfons Dopsch, in: Hans-Ulrich Wehler (Hrsg.), Deutsche Historiker, Bd, 7, Göttingen 1980, S. 39–54.

Wagner, Helmut, Carl Mayer, in: Wilhelm Bernsdorf / Horst Knospe (Hrsg.), Internationales Soziologenlexikon, Bd. 2, Beiträge über lebende oder nach 1969 verstorbene Soziologen, Stuttgart 1984, S. 557.

Walter, Robert, Hans Kelsen, in: Neue Deutsche Biographie, Bd. 11, hrsg. von der Historischen Kommission bei der Bayerischen Akademie der Wissenschaften, Berlin 1977, S. 479–480.

Weber, Fritz, Vor dem großen Krach. Österreichs Banken in der Zwischenkriegszeit am Beispiel der Credit-Anstalt für Handel und Gewerbe (Studien zur Wirtschaftsgeschichte und Wirtschaftspolitik, Bd. 9), Köln / Weimar / Wien 2016.

Weber, Hermann, Kurt Rosendeld, in: Neue Deutsche Biographie, Bd. 22, hrsg. von der Historischen Kommission bei der Bayerischen Akademie der Wissenschaften, Berlin 2005, S. 66–67.

Ders., Karl Liebknecht, in: Neue Deutsche Biographie, Bd. 14, hrsg. von der Historischen Kommission bei der Bayerischen Akademie der Wissenschaften, Berlin 1985, S. 505–506.

Ders., Paul Levi, in: Neue Deutsche Biographie, Bd. 14, hrsg. von der Historischen Kommission bei der Bayerischen Akademie der Wissenschaften, Berlin 1985, S. 397–398.

Weinzierl, Erika, Karl Renner, in: Neue Deutsche Biographie, Bd. 21, hrsg. von der Historischen Kommission bei der Bayerischen Akademie der Wissenschaften, Berlin 2003, S. 430–432.

Weiss, Manfred, Arbeitsrechtswissenschaft auf den Spuren Hugo Sinzheimers, in: 100 Jahre Rechtswissenschaft in Frankfurt. Erfahrungen, Herausforderungen, Erwartungen, hrsg. vom Fachbereich Rechtswissenschaft der Goethe-Universität Frankfurt am Main, Frankfurt am Main 2014, S. 577–589.

Wiener, Christina, Kieler Fakultät und „Kieler Schule". Die Rechtslehrer an der Rechts- und Staatswissenschaftlichen Fakultät zu Kiel in der Zeit des Nationalsozialismus und ihre Entnazifizierung (Kieler Rechtswissenschaftliche Abhandlungen (NF), Bd. 67), Baden-Baden 2013.

Wiggershaus, Rolf, Die Frankfurter Schule. Geschichte – Theoretische Entwicklung – Politische Bedeutung, München 1988.

Wildt, Michael, Die Angst vor dem Volk. Ernst Fraenkel in der deutschen Nachkriegsgesellschaft, in: Monika Boll / Raphael Gross (Hrsg.), „Ich staune, dass Sie in dieser Luft atmen können." Jüdische Intellektuelle in Deutschland nach 1945, Frankfurt am Main 2013, S. 317–344.

Ders., Geschichte des Nationalsozialismus, Göttingen 2008.

Willoweit, Dietmar / Schlinker, Steffen, Deutsche Verfassungsgeschichte. Vom Frankenreich bis zur Wiedervereinigung Deutschlands, München 8. Auflage 2019.

Winter, Robert, Das Akademische Gymnasium in Wien. Vergangenheit und Gegenwart, Wien / Köln / Weimar 1996.

Witt, Kurt, Wirtschaftskräfte und Wirtschaftspolitik der Tschechoslowakei, Leipzig 1938.

Wittrock, Christine, Die „Akademie der Arbeit" in Frankfurt am Main und ihre Absolventen, Frankfurt am Main 1991.

Wlaschek, Rudolf, Juden in Böhmen. Beiträge zur Geschichte des europäischen Judentums im 19. und 20. Jahrhundert (Veröffentlichen des Collegium Carolinum, Bd. 66), München 1997.

Wohlrab, H., Josef Neumayer, in: Österreichisches Biographisches Lexikon, Bd. 7, hrsg. von der Österreichischen Akademie der Wissenschaften, Wien 1978, S. 87–88.

Zachert, Ulrich, Hugo Sinzheimer: praktischer Wissenschaftler und Pionier des modernen Arbeitsrechts, in: Recht der Arbeit 54 (2001), S. 104–109.

Zeisel, Hans, Mehr Gerechtigkeit. Erinnerungen an den Austromarxismus, in: Franz Kreuzer, Die Ohnmacht der Henker, Wien 1986.

Ziemann, Sascha, Relativismus in Zeiten der Krise: Franz L. Neumanns unveröffentlichte rechtsphilosophische Arbeit von 1923, in: Zeitschrift für internationale Strafrechtsdogmatik 2007, S. 362–370.

Zimmermann, Moshe, Die deutschen Juden 1914–1945 (Enzyklopädie deutscher Geschichte, Bd. 43), München 1997.

V. Internetseiten[1]

Neumayer, Karl Heinz (†). Kürschners Deutscher Gelehrten-Kalender Online, Berlin / Boston 2010, https://www.degruyter.com/database/KDGO/entry/P42977/html.

[1] Alle Internetseiten wurden letztmals am 29. September 2023 abgerufen.

O.V., Meyer-Sevenich, Maria, in: Hessische Biografie, https://www.lagis-hessen.de/pnd/128776196.

Olechowski, Thomas, Stephan Braßloff (1875–1943), in: Österreichisch Biographisches Lexikon ab 1815, 2. Überarbeitete Auflage, https://www.biographien.ac.at/oebl/oebl_B/Brassloff_Stephan_1875_1943.xml.

Prantl, Heribert, Nachruf. Der Pfadfinder des globalen Datenschutzes, in: Süddeutsche Zeitung vom 20.2.2023, https://www.sueddeutsche.de/politik/simitis-tod-datenschutz-hessen-1.5772352.

Ders., Nachruf. Runter vom Paragrafenturm, in: Süddeutsche Zeitung vom 12. Februar 2016, https://www.sueddeutsche.de/politik/nachruf-runter-vom-paragrafen-turm-1.2860977.

Rebentisch, Dieter, Ludwig Landmann, in: Frankfurter Personenlexikon (Onlineausgabe), https://frankfurter-personenlexikon.de/node/3021.

Seibt, Gustav, Holocaust-Forscher Hilberg ist tot. „Töten ist nicht mehr so schwer wie früher", in: Süddeutsche Zeitung vom 26. November 2008, https://www.sueddeutsche.de/kultur/holocaust-forscher-hilberg-ist-tot-toeten-ist-nicht-mehr-so-schwer-wie-frueher-1.831893.

Stolleis, Michael, Kronstein, Heinrich, in: Frankfurter Personenlexikon (Onlineausgabe), https://frankfurter-personenlexikon.de/node/7107.

Zimmermann, John, Der Prozess gegen Friedrich Adler, Österreich 1916, in: Kurt Groenewold / Alexander Ignor / Arnd Koch (Hrsg.), Lexikon der Politischen Strafprozesse, https://www.lexikon-der-politischen-strafprozesse.de/glossar/adler-friedrich/.

https://www.bundesarchiv.de/cocoon/barch/0000/z/z1960a/kap1_11/para2_17.html.

https://www.bundesstiftung-aufarbeitung.de/de/recherche/kataloge-datenbanken/biographische-datenbanken/paul-levi?ID=4714.

https://www.deutsche-digitale-bibliothek.de/person/gnd/130631019.

https://www.dgkj.de/die-gesellschaft/geschichte/juedische-kinderaerztinnen-und-aerzte-1933-1945/suchergebnis-der-datenbank?tx_dgkjpaediatristsnsera_searchpaedia-strists%5Baction%5D=show&tx_dgkjpaediatristsnsera_searchpaediastrists%5Bcontroller%5D=PaediatristNSEra&tx_dgkjpaediatristsnsera_searchpaediastrists%5BpaediatristNSEra%5D=2264&cHash=fe4843ac76d5f936782a490e4c25d9a4.

https://www.famrz.de/die-famrz/redaktion/prof-dr-dr-h-c-mult-dieter-henrich.html.

https://www.frankfurt1933-1945.de/index/personen/355/hans-kampffmayer.

https://www.fritz-bauer-institut.de/mitteilung/wir-trauern-um-jiri-kosta-sel-a.

https://www.historisches-unterfranken.uni-wuerzburg.de/juf/Datenbank/detailsinclude.php?global=;search;30627;;;1;;;;;;;;;;;;;;alle;;;;;~ORDER~BY~Name,Vorname~;;;;;21384;1;11111111111111111;;ENDE.

https://hls-dhs-dss.ch/de/articles/042700/2002-06-17/.

https://is.muni.cz/elportal/estud/praf/ps08/recht/no_av/pages/1209.html.

https://lebenswege.faz.net/traueranzeige/profdrthilo-ramm/anzeigen.

https://pm20.zbw.eu/folder/pe/0063xx/006386/about.

http://www.saarland-biografien.de/frontend/php/ergebnis_detail.php?id=3064.

https://www.stadtgeschichte-ffm.de/de/stadtgeschichte/stadtchronik/1933.

https://www.xn-jdische-gemeinden-22b.de/index.php/gemeinden/p-r/1621-raudnitz-elbe-boehmen.

https://www.youtube.com/watch?v=O3e85GHJyso.chrome-extension://efaidnbmnnnib pcajpcglclefindmkaj/https://www.yadvashem.org/odot_pdf/Microsoft%20Word%20-%206634.PDF.

Juristische Zeitgeschichte

Herausgeber: Prof. Dr. Dr. Dr. h.c. Thomas Vormbaum, FernUniversität in Hagen

Abteilung 1: Allgemeine Reihe

1 *Thomas Vormbaum (Hrsg.):* Die Sozialdemokratie und die Entstehung des Bürgerlichen Gesetzbuchs. Quellen aus der sozialdemokratischen Partei und Presse (1997)
2 *Heiko Ahlbrecht:* Geschichte der völkerrechtlichen Strafgerichtsbarkeit im 20. Jahrhundert (1999)
3 *Dominik Westerkamp:* Pressefreiheit und Zensur im Sachsen des Vormärz (1999)
4 *Wolfgang Naucke:* Über die Zerbrechlichkeit des rechtsstaatlichen Strafrechts. Gesammelte Aufsätze zur Strafrechtsgeschichte (2000)
5 *Jörg Ernst August Waldow:* Der strafrechtliche Ehrenschutz in der NS-Zeit (2000)
6 *Bernhard Diestelkamp:* Rechtsgeschichte als Zeitgeschichte. Beiträge zur Rechtsgeschichte des 20. Jahrhunderts (2001)
7 *Michael Damnitz:* Bürgerliches Recht zwischen Staat und Kirche. Mitwirkung der Zentrumspartei am Bürgerlichen Gesetzbuch (2001)
8 *Massimo Nobili:* Die freie richterliche Überzeugungsbildung. Reformdiskussion und Gesetzgebung in Italien, Frankreich und Deutschland seit dem Ausgang des 18. Jahrhunderts (2001)
9 *Diemut Majer:* Nationalsozialismus im Lichte der Juristischen Zeitgeschichte (2002)
10 *Bianca Vieregge:* Die Gerichtsbarkeit einer „Elite". Nationalsozialistische Rechtsprechung am Beispiel der SS- und Polizeigerichtsbarkeit (2002)
11 *Norbert Berthold Wagner:* Die deutschen Schutzgebiete (2002)
12 *Miloš Vec:* Die Spur des Täters. Methoden der Identifikation in der Kriminalistik (1879–1933), (2002)
13 *Christian Amann:* Ordentliche Jugendgerichtsbarkeit und Justizalltag im OLG-Bezirk Hamm von 1939 bis 1945 (2003)
14 *Günter Gribbohm:* Das Reichskriegsgericht (2004)
15 *Martin M. Arnold:* Pressefreiheit und Zensur im Baden des Vormärz. Im Spannungsfeld zwischen Bundestreue und Liberalismus (2003)
16 *Ettore Dezza:* Beiträge zur Geschichte des modernen italienischen Strafrechts (2004)
17 *Thomas Vormbaum (Hrsg.):* „Euthanasie" vor Gericht. Die Anklageschrift des Generalstaatsanwalts beim OLG Frankfurt/M. gegen Werner Heyde u. a. vom 22. Mai 1962 (2005)
18 *Kai Cornelius:* Vom spurlosen Verschwindenlassen zur Benachrichtigungspflicht bei Festnahmen (2006)
19 *Kristina Brümmer-Pauly:* Desertion im Recht des Nationalsozialismus (2006)
20 *Hanns-Jürgen Wiegand:* Direktdemokratische Elemente in der deutschen Verfassungsgeschichte (2006)
21 *Hans-Peter Marutschke (Hrsg.):* Beiträge zur modernen japanischen Rechtsgeschichte (2006)
22 *Katrin Stoll:* Die Herstellung der Wahrheit (2011)

23 *Thorsten Kurtz:* Das Oberste Rückerstattungsgericht in Herford (2014)
24 *Sebastian Schermaul:* Die Umsetzung der Karlsbader Beschlüsse an der Universität Leipzig 1819–1848 (2013)
25 *Minoru Honda:* Beiträge zur Geschichte des japanischen Strafrechts (2020)
26 *Michael Seiters:* Das strafrechtliche Schuldprinzip. Im Spannungsfeld zwischen philosophischem, theologischem und juridischem Verständnis von Schuld (2020)
27 *Hannes Ludyga*: Rechtsgeschichte Saarbrückens im 20. Jahrhundert (2022)
28 *Wolfgang Naucke*: Strafrecht als Teil politischer Macht. Beiträge zur juristischen Zeitgeschichte (2023)

Abteilung 2: Forum Juristische Zeitgeschichte

1 *Franz-Josef Düwell / Thomas Vormbaum (Hrsg.):* Themen juristischer Zeitgeschichte (1) – Schwerpunktthema: Recht und Nationalsozialismus (1998)
2 *Karl-Heinz Keldungs:* Das Sondergericht Duisburg 1943–1945 (1998)
3 *Franz-Josef Düwell / Thomas Vormbaum (Hrsg.):* Themen juristischer Zeitgeschichte (2) – Schwerpunktthema: Recht und Juristen in der Revolution von 1848/49 (1998)
4 *Thomas Vormbaum:* Beiträge zur juristischen Zeitgeschichte (1999)
5 *Franz-Josef Düwell / Thomas Vormbaum:* Themen juristischer Zeitgeschichte (3), (1999)
6 *Thomas Vormbaum (Hrsg.):* Themen juristischer Zeitgeschichte (4), (2000)
7 *Frank Roeser:* Das Sondergericht Essen 1942–1945 (2000)
8 *Heinz Müller-Dietz:* Recht und Nationalsozialismus – Gesammelte Beiträge (2000)
9 *Franz-Josef Düwell (Hrsg.):* Licht und Schatten. Der 9. November in der deutschen Geschichte und Rechtsgeschichte – Symposium der Arnold-Freymuth-Gesellschaft, Hamm (2000)
10 *Bernd-Rüdiger Kern / Klaus-Peter Schroeder (Hrsg.):* Eduard von Simson (1810–1899). „Chorführer der Deutschen“ und erster Präsident des Reichsgerichts (2001)
11 *Norbert Haase / Bert Pampel (Hrsg.):* Die Waldheimer „Prozesse“ – fünfzig Jahre danach. Dokumentation der Tagung der Stiftung Sächsische Gedenkstätten am 28. und 29. September in Waldheim (2001)
12 *Wolfgang Form (Hrsg.):* Literatur- und Urteilsverzeichnis zum politischen NS-Strafrecht (2001)
13 *Sabine Hain:* Die Individualverfassungsbeschwerde nach Bundesrecht (2002)
14 *Gerhard Pauli / Thomas Vormbaum (Hrsg.):* Justiz und Nationalsozialismus – Kontinuität und Diskontinuität. Fachtagung in der Justizakademie des Landes NRW, Recklinghausen, am 19. und 20. November 2001 (2003)
15 *Mario Da Passano (Hrsg.):* Europäische Strafkolonien im 19. Jahrhundert. Internationaler Kongreß des Dipartimento di Storia der Universität Sassari und des Parco nazionale di Asinara, Porto Torres, 25. Mai 2001 (2006)
16 *Sylvia Kesper-Biermann / Petra Overath (Hrsg.):* Die Internationalisierung von Strafrechtswissenschaft und Kriminalpolitik (1870–1930). Deutschland im Vergleich (2007)
17 *Hermann Weber (Hrsg.):* Literatur, Recht und Musik. Tagung im Nordkolleg Rendsburg vom 16. bis 18. September 2005 (2007)

18 *Hermann Weber (Hrsg.):* Literatur, Recht und (bildende) Kunst. Tagung im Nordkolleg Rendsburg vom 21. bis 23. September 2007 (2008)
19 *Francisco Muñoz Conde / Thomas Vormbaum (Hrsg.):* Transformation von Diktaturen in Demokratien und Aufarbeitung der Vergangenheit (2010)
20 *Kirsten Scheiwe / Johanna Krawietz* (Hrsg.): (K)Eine Arbeit wie jede andere? Die Regulierung von Arbeit im Privathaushalt (2014)
21 *Helmut Irmen:* Das Sondergericht Aachen 1941–1945 (2018)

Abteilung 3: Beiträge zur modernen deutschen Strafgesetzgebung. Materialien zu einem historischen Kommentar

1 *Thomas Vormbaum / Jürgen Welp (Hrsg.):* Das Strafgesetzbuch seit 1870. Sammlung der Änderungen und Neubekanntmachungen; fünf Textbände (1999–2017) und drei Supplementbände (2005, 2006)
2 *Christian Müller:* Das Gewohnheitsverbrechergesetz vom 24. November 1933. Kriminalpolitik als Rassenpolitik (1998)
3 *Maria Meyer-Höger:* Der Jugendarrest. Entstehung und Weiterentwicklung einer Sanktion (1998)
4 *Kirsten Gieseler:* Unterlassene Hilfeleistung – § 323c StGB. Reformdiskussion und Gesetzgebung seit 1870. (1999)
5 *Robert Weber:* Die Entwicklung des Nebenstrafrechts 1871–1914 (1999)
6 *Frank Nobis:* Die Strafprozeßgesetzgebung der späten Weimarer Republik (2000)
7 *Karsten Felske:* Kriminelle und terroristische Vereinigungen – §§ 129, 129a StGB (2002)
8 *Ralf Baumgarten:* Zweikampf – §§ 201–210 a.F. StGB (2003)
9 *Felix Prinz:* Diebstahl – §§ 242 ff. StGB (2003)
10 *Werner Schubert / Thomas Vormbaum (Hrsg.):* Entstehung des Strafgesetzbuchs. Kommissionsprotokolle und Entwürfe. Band 1: 1869 (2002); Band 2: 1870 (2004)
11 *Lars Bernhard:* Falsche Verdächtigung (§§ 164, 165 StGB) und Vortäuschen einer Straftat (§ 145d StGB), (2003)
12 *Frank Korn:* Körperverletzungsdelikte – §§ 223 ff., 340 StGB. Reformdiskussion und Gesetzgebung von 1870 bis 1933 (2003)
13 *Christian Gröning:* Körperverletzungsdelikte – §§ 223 ff., 340 StGB. Reformdiskussion und Gesetzgebung seit 1933 (2004)
14 *Sabine Putzke:* Die Strafbarkeit der Abtreibung in der Kaiserzeit und in der Weimarer Zeit. Eine Analyse der Reformdiskussion und der Straftatbestände in den Reformentwürfen (1908–1931), (2003)
15 *Eckard Voßiek:* Strafbare Veröffentlichung amtlicher Schriftstücke (§ 353d Nr. 3 StGB). Gesetzgebung und Rechtsanwendung seit 1851 (2004)
16 *Stefan Lindenberg:* Brandstiftungsdelikte – §§ 306 ff. StGB. Reformdiskussion und Gesetzgebung seit 1870 (2004)
17 *Ninette Barreneche†:* Materialien zu einer Strafrechtsgeschichte der Münchener Räterepublik 1918/1919 (2004)
18 *Carsten Thiel:* Rechtsbeugung – § 339 StGB. Reformdiskussion und Gesetzgebung seit 1870 (2005)

19 *Vera Große-Vehne:* Tötung auf Verlangen (§ 216 StGB), „Euthanasie" und Sterbehilfe. Reformdiskussion und Gesetzgebung seit 1870 (2005)
20 *Thomas Vormbaum / Kathrin Rentrop (Hrsg.):* Reform des Strafgesetzbuchs. Sammlung der Reformentwürfe. Band 1: 1909 bis 1919. Band 2: 1922 bis 1939. Band 3: 1959 bis 1996 (2008)
21 *Dietmar Prechtel:* Urkundendelikte (§§ 267 ff. StGB). Reformdiskussion und Gesetzgebung seit 1870 (2005)
22 *Ilya Hartmann:* Prostitution, Kuppelei, Zuhälterei. Reformdiskussion und Gesetzgebung seit 1870 (2006)
23 *Ralf Seemann:* Strafbare Vereitelung von Gläubigerrechten (§§ 283 ff., 288 StGB). Reformdiskussion und Gesetzgebung seit 1870 (2006)
24 *Andrea Hartmann:* Majestätsbeleidigung (§§ 94 ff. StGB a.F.) und Verunglimpfung des Staatsoberhauptes (§ 90 StGB). Reformdiskussion und Gesetzgebung seit dem 19. Jahrhundert (2006)
25 *Christina Rampf:* Hausfriedensbruch (§ 123 StGB). Reformdiskussion und Gesetzgebung seit 1870 (2006)
26 *Christian Schäfer:* „Widernatürliche Unzucht" (§§ 175, 175a, 175b, 182, a.F. StGB). Reformdiskussion und Gesetzgebung seit 1945 (2006)
27 *Kathrin Rentrop:* Untreue und Unterschlagung (§§ 266 und 246 StGB). Reformdiskussion und Gesetzgebung seit dem 19. Jahrhundert (2007)
28 *Martin Asholt:* Straßenverkehrsstrafrecht. Reformdiskussion und Gesetzgebung seit dem Ausgang des 19. Jahrhunderts (2007)
29 *Katharina Linka:* Mord und Totschlag (§§ 211–213 StGB). Reformdiskussion und Gesetzgebung seit 1870 (2008)
30 *Juliane Sophia Dettmar:* Legalität und Opportunität im Strafprozess. Reformdiskussion und Gesetzgebung von 1877 bis 1933 (2008)
31 *Jürgen Durynek:* Korruptionsdelikte (§§ 331 ff. StGB). Reformdiskussion und Gesetzgebung seit dem 19. Jahrhundert (2008)
32 *Judith Weber:* Das sächsische Strafrecht im 19. Jahrhundert bis zum Reichsstrafgesetzbuch (2009)
33 *Denis Matthies:* Exemplifikationen und Regelbeispiele. Eine Untersuchung zum 100-jährigen Beitrag von Adolf Wach zur „Legislativen Technik" (2009)
34 *Benedikt Rohrßen:* Von der „Anreizung zum Klassenkampf" zur „Volksverhetzung" (§ 130 StGB). Reformdiskussion und Gesetzgebung seit dem 19. Jahrhundert (2009)
35 *Friederike Goltsche:* Der Entwurf eines Allgemeinen Deutschen Strafgesetzbuches von 1922 (Entwurf Radbruch) (2010)
36 *Tarig Elobied:* Die Entwicklung des Strafbefehlsverfahrens von 1846 bis in die Gegenwart (2010)
37 *Christina Müting:* Sexuelle Nötigung; Vergewaltigung (§ 177 StGB) (2010)
38 *Nadeschda Wilkitzki:* Entstehung des Gesetzes über Internationale Rechtshilfe in Strafsachen (IRG) (2010)
39 *André Brambring:* Kindestötung (§ 217 a.F. StGB). Reformdiskussion und Gesetzgebung seit 1870 (2010)
40 *Wilhelm Rettler:* Der strafrechtliche Schutz des sozialistischen Eigentums in der DDR (2010)
41 *Yvonne Hötzel:* Debatten um die Todesstrafe in der Bundesrepublik Deutschland von 1949 bis 1990 (2010)

42 *Dagmar Kolbe:* Strafbarkeit im Vorfeld und im Umfeld der Teilnahme (§§ 88a, 110, 111, 130a und 140 StGB). Reformdiskussion und Gesetzgebung seit dem 19. Jahrhundert (2011)
43 *Sami Bdeiwi:* Beischlaf zwischen Verwandten (§ 173 StGB). Reform und Gesetzgebung seit 1870 (2014)
44 *Michaela Arnold:* Verfall, Einziehung und Unbrauchbarmachung (§§ 73 bis 76a StGB). Reformdiskussion und Gesetzgebung seit dem 19. Jahrhundert (2015)
45 *Andrea Schurig:* „Republikflucht" (§§ 213, 214 StGB/DDR). Gesetzgeberische Entwicklung, Einfluss des MfS und Gerichtspraxis am Beispiel von Sachsen (2016)
46 *Sandra Knaudt:* Das Strafrecht im Großherzogtum Hessen im 19. Jahrhundert bis zum Reichsstrafgesetzbuch (2017)
47 *Michael Rudlof:* Das Gesetz zur Strafbarkeit der geschäftsmäßigen Förderung der Selbsttötung (§ 217 StGB nF.) (2018)
48 *Karl Müller:* Steuerhinterziehung (§§ 370, 371 AO). Gesetzgebung und Reformdiskussion seit dem 19. Jahrhundert (2018)
49 *Katharina Kühne:* Die Entwicklung des Internetstrafrechts unter besonderer Berücksichtigung der §§ 202a–202c StGB sowie § 303a und § 303b StGB (2018)
50 *Benedikt Beßmann:* Das Strafrecht des Herzogtums Braunschweig im 19. Jahrhundert bis zum Reichsstrafgesetzbuch (2019)
51 *Josef Roth:* Die Entwicklung des Weinstrafrechts seit 1871 (2020)
52 *Arne Fischer*: Die Legitimität des Sportwettbetrugs (§ 265c StGB). Unter besonderer Berücksichtigung des „Rechtsguts" Integrität des Sports (2020)
53 *Julius Hagen:* Die Nebenklage im Gefüge strafprozessualer Verletztenbeteiligung. Der Weg in die viktimäre Gesellschaft. Gesetzgebung und Reformdiskurs seit 1870 (2021)
54 *Teresa Frank:* Die Wiederaufnahme zuungunsten des Angeklagten im Strafverfahren. Reformdiskussion und Gesetzgebung seit dem Neunzehnten Jahrhundert (2022)

Abteilung 4: Leben und Werk. Biographien und Werkanalysen

1 *Mario A. Cattaneo:* Karl Grolmans strafrechtlicher Humanismus (1998)
2 *Gerit Thulfaut:* Kriminalpolitik und Strafrechtstheorie bei Edmund Mezger (2000)
3 *Adolf Laufs:* Persönlichkeit und Recht. Gesammelte Aufsätze (2001)
4 *Hanno Durth:* Der Kampf gegen das Unrecht. Gustav Radbruchs Theorie eines Kulturverfassungsrechts (2001)
5 *Volker Tausch:* Max Güde (1902–1984). Generalbundesanwalt und Rechtspolitiker (2002)
6 *Bernd Schmalhausen:* Josef Neuberger (1902–1977). Ein Leben für eine menschliche Justiz (2002)
7 *Wolf Christian von Arnswald:* Savigny als Strafrechtspraktiker. Ministerium für die Gesetzesrevision (1842–1848), (2003)
8 *Thilo Ramm:* Ferdinand Lassalle. Der Revolutionär und das Recht (2004)
9 *Martin D. Klein:* Demokratisches Denken bei Gustav Radbruch (2007)
10 *Francisco Muñoz Conde:* Edmund Mezger – Beiträge zu einem Juristenleben (2007)

11 *Whitney R. Harris:* Tyrannen vor Gericht. Das Verfahren gegen die deutschen Hauptkriegsverbrecher nach dem Zweiten Weltkrieg in Nürnberg 1945–1946 (2008)
12 *Eric Hilgendorf (Hrsg.):* Die deutschsprachige Strafrechtswissenschaft in Selbstdarstellungen (2010)
13 *Tamara Cipolla:* Friedrich Karl von Strombeck. Leben und Werk – Unter besonderer Berücksichtigung des Entwurfes eines Strafgesetzbuches für ein Norddeutsches Staatsgebiet (2010)
14 *Karoline Peters:* J.D.H. Temme und das preußische Strafverfahren in der Mitte des 19. Jahrhunderts (2010)
15 *Eric Hilgendorf (Hrsg.):* Die ausländische Strafrechtswissenschaft in Selbstdarstellungen. Die internationale Rezeption des deutschen Strafrechts (2019)
16 *Hannes Ludyga:* Otto Kahn-Freund (1900–1979). Ein Arbeitsrechtler in der Weimarer Zeit (2016)
17 *Rudolf Bastuck:* Rudolf Wassermann. Vision und Umsetzung einer inneren Justizreform (2020)
18 *Eric Hilgendorf (Hrsg.)*: Die deutschsprachige Strafrechtswissenschaft in Selbstdarstellungen II (2021)
19 *Hannes Ludyga*: Franz Mestitz (1904–1994) (2024)

Abteilung 5: Juristisches Zeitgeschehen.
Rechtspolitik und Justiz aus zeitgenössischer Perspektive

Mitherausgegeben von Gisela Friedrichsen („Der Spiegel")
und RA Prof. Dr. Franz Salditt

1 *Diether Posser:* Anwalt im Kalten Krieg. Ein Stück deutscher Geschichte in politischen Prozessen 1951–1968. 3. Auflage (1999)
2 *Jörg Arnold (Hrsg.):* Strafrechtliche Auseinandersetzung mit Systemvergangenheit am Beispiel der DDR (2000)
3 *Thomas Vormbaum (Hrsg.):* Vichy vor Gericht: Der Papon-Prozeß (2000)
4 *Heiko Ahlbrecht / Kai Ambos (Hrsg.):* Der Fall Pinochet(s). Auslieferung wegen staatsverstärkter Kriminalität? (1999)
5 *Oliver Franz:* Ausgehverbot für Jugendliche („Juvenile Curfew") in den USA. Reformdiskussion und Gesetzgebung seit dem 19. Jahrhundert (2000)
6 *Gabriele Zwiehoff (Hrsg.):* „Großer Lauschangriff". Die Entstehung des Gesetzes zur Änderung des Grundgesetzes vom 26. März 1998 und des Gesetzes zur Änderung der Strafprozeßordnung vom 4. Mai 1998 in der Presseberichterstattung 1997/98 (2000)
7 *Mario A. Cattaneo:* Strafrechtstotalitarismus. Terrorismus und Willkür (2001)
8 *Gisela Friedrichsen / Gerhard Mauz:* Er oder sie? Der Strafprozeß Böttcher/Weimar. Prozeßberichte 1987 bis 1999 (2001)
9 *Heribert Prantl / Thomas Vormbaum (Hrsg.):* Juristisches Zeitgeschehen 2000 in der Süddeutschen Zeitung (2001)
10 *Helmut Kreicker:* Art. 7 EMRK und die Gewalttaten an der deutsch-deutschen Grenze (2002)

11 *Heribert Prantl / Thomas Vormbaum (Hrsg.):* Juristisches Zeitgeschehen 2001 in der Süddeutschen Zeitung (2002)

12 *Henning Floto:* Der Rechtsstatus des Johanniterordens. Eine rechtsgeschichtliche und rechtsdogmatische Untersuchung zum Rechtsstatus der Balley Brandenburg des ritterlichen Ordens St. Johannis vom Spital zu Jerusalem (2003)

13 *Heribert Prantl / Thomas Vormbaum (Hrsg.):* Juristisches Zeitgeschehen 2002 in der Süddeutschen Zeitung (2003)

14 *Kai Ambos / Jörg Arnold (Hrsg.):* Der Irak-Krieg und das Völkerrecht (2004)

15 *Heribert Prantl / Thomas Vormbaum (Hrsg.)*: Juristisches Zeitgeschehen 2003 in der Süddeutschen Zeitung (2004)

16 *Sascha Rolf Lüder:* Völkerrechtliche Verantwortlichkeit bei Teilnahme an „Peacekeeping“-Missionen der Vereinten Nationen (2004)

17 *Heribert Prantl / Thomas Vormbaum (Hrsg.)*: Juristisches Zeitgeschehen 2004 in der Süddeutschen Zeitung (2005)

18 *Christian Haumann:* Die „gewichtende Arbeitsweise“ der Finanzverwaltung. Eine Untersuchung über die Aufgabenerfüllung der Finanzverwaltung bei der Festsetzung der Veranlagungssteuern (2008)

19 *Asmerom Ogbamichael:* Das neue deutsche Geldwäscherecht (2011)

20 *Lars Chr. Barnewitz:* Die Entschädigung der Freimaurerlogen nach 1945 und nach 1989 (2011)

21 *Ralf Gnüchtel:* Jugendschutztatbestände im 13. Abschnitt des StGB (2013)

22 *Helmut Irmen:* Stasi und DDR-Militärjustiz. Der Einfluss des MfS auf Militärjustiz und Militärstrafvollzug in der DDR (2014)

23 *Pascal Johann:* Möglichkeiten und Grenzen des neuen Vermögenschabschöpfungsrechts. Eine Untersuchung zur vorläufigen Sicherstellung und der Einziehung von Vermögen unklarer Herkunft (2019)

24 *Zekai Dağaşan:* Das Ansehen des Staates im türkischen und deutschen Strafrecht (2015)

25 *Camilla Bertheau:* Politisch unwürdig? Entschädigung von Kommunisten für nationalsozialistische Gewaltmaßnahmen. Bundesdeutsche Gesetzgebung und Rechtsprechung der 50er Jahre (2016)

26 *Anja J. Weissbrodt:* Etwas Besseres als den Tod – Aktuelle Regelung der Suizidbeihilfe und ihre Auswirkungen auf die Ärzteschaft (2021)

Abteilung 6: Recht in der Kunst – Kunst im Recht

Mitherausgegeben von Prof. Dr. Gunter Reiß
und Prof. Dr. Anja Schiemann

1 *Heinz Müller-Dietz:* Recht und Kriminalität im literarischen Widerschein. Gesammelte Aufsätze (1999)

2 *Klaus Lüderssen (Hrsg.):* »Die wahre Liberalität ist Anerkennung«. Goethe und die Juris prudenz (1999)

3 *Bertolt Brecht:* Die Dreigroschenoper (1928) / Dreigroschenroman (1934). Mit Kommentaren von Iring Fetscher und Bodo Plachta (2001)

4 *Annette von Droste-Hülshoff:* Die Judenbuche (1842) / Die Vergeltung (1841). Mit Kommentaren von Heinz Holzhauer und Winfried Woesler (2000)

5 *Theodor Fontane:* Unterm Birnbaum (1885). Mit Kommentaren von Hugo Aust und Klaus Lüderssen (2001)

6 *Heinrich von Kleist:* Michael Kohlhaas (1810). Mit Kommentaren von Wolfgang Naucke und Joachim Linder (2000)

7 *Anja Sya:* Literatur und juristisches Erkenntnisinteresse. Joachim Maass' Roman „Der Fall Gouffé" und sein Verhältnis zu der historischen Vorlage (2001)

8 *Heiner Mückenberger:* Theodor Storm – Dichter und Richter. Eine rechtsgeschichtliche Lebensbeschreibung (2001)

9 *Hermann Weber. (Hrsg.):* Annäherung an das Thema „Recht und Literatur". Recht, Literatur und Kunst in der NJW (1), (2002)

10 *Hermann Weber (Hrsg.):* Juristen als Dichter. Recht, Literatur und Kunst in der NJW (2), (2002)

11 *Hermann Weber (Hrsg.):* Prozesse und Rechtsstreitigkeiten um Recht, Literatur und Kunst. Recht, Literatur und Kunst in der NJW (3), (2002)

12 *Klaus Lüderssen:* Produktive Spiegelungen. 2., erweiterte Auflage (2002)

13 *Lion Feuchtwanger:* Erfolg. Drei Jahre Geschichte einer Provinz. Roman (1929). Mit Kommentaren von Theo Rasehorn und Ernst Ribbat (2002)

14 *Jakob Wassermann:* Der Fall Maurizius. Roman (1928). Mit Kommentaren von Thomas Vormbaum und Regina Schäfer (2003)

15 *Hermann Weber (Hrsg.):* Recht, Staat und Politik im Bild der Dichtung. Recht, Literatur und Kunst in der Neuen Juristischen Wochenschrift (4), (2003)

16 *Hermann Weber (Hrsg.):* Reale und fiktive Kriminalfälle als Gegenstand der Literatur. Recht, Literatur und Kunst in der Neuen Juristischen Wochenschrift (5), (2003)

17 *Karl Kraus:* Sittlichkeit und Kriminalität. (1908). Mit Kommentaren von Helmut Arntzen und Heinz Müller-Dietz (2004)

18 *Hermann Weber (Hrsg.):* Dichter als Juristen. Recht, Literatur und Kunst in der Neuen Juristischen Wochenschrift (6), (2004)

19 *Hermann Weber (Hrsg.):* Recht und Juristen im Bild der Literatur. Recht, Literatur und Kunst in der Neuen Juristischen Wochenschrift (7), (2005)

20 *Heinrich von Kleist:* Der zerbrochne Krug. Ein Lustspiel (1811). Mit Kommentaren von Michael Walter und Regina Schäfer (2005)

21 *Francisco Muñoz Conde / Marta Muñoz Aunión:* „Das Urteil von Nürnberg". Juristischer und filmwissenschaftlicher Kommentar zum Film von Stanley Kramer (1961), (2006)

22 *Fjodor Dostojewski:* Aufzeichnungen aus einem Totenhaus (1860). Mit Kommentaren von Heinz Müller-Dietz und Dunja Brötz (2005)

23 *Thomas Vormbaum (Hrsg.):* Anton Matthias Sprickmann. Dichter und Jurist. Mit Kommentaren von Walter Gödden, Jörg Löffler und Thomas Vormbaum (2006)

24 *Friedrich Schiller:* Verbrecher aus Infamie (1786). Mit Kommentaren von Heinz Müller-Dietz und Martin Huber (2006)

25 *Franz Kafka:* Der Proceß. Roman (1925). Mit Kommentaren von Detlef Kremer und Jörg Tenckhoff (2006)

26 *Heinrich Heine:* Deutschland. Ein Wintermährchen. Geschrieben im Januar 1844. Mit Kommentaren von Winfried Woesler und Thomas Vormbaum (2006)

27 *Thomas Vormbaum (Hrsg.):* Recht, Rechtswissenschaft und Juristen im Werk Heinrich Heines (2006)
28 *Heinz Müller-Dietz:* Recht und Kriminalität in literarischen Spiegelungen (2007)
29 *Alexander Puschkin:* Pique Dame (1834). Mit Kommentaren von Barbara Aufschnaiter/Dunja Brötz und Friedrich-Christian Schroeder (2007)
30 *Georg Büchner:* Danton's Tod. Dramatische Bilder aus Frankreichs Schreckensherrschaft. Mit Kommentaren von Sven Kramer und Bodo Pieroth (2007)
31 *Daniel Halft:* Die Szene wird zum Tribunal! Eine Studie zu den Beziehungen von Recht und Literatur am Beispiel des Schauspiels „Cyankali" von Friedrich Wolf (2007)
32 *Erich Wulffen:* Kriminalpsychologie und Psychopathologie in Schillers Räubern (1907). Herausgegeben von Jürgen Seul (2007)
33 *Klaus Lüderssen:* Produktive Spiegelungen: Recht in Literatur, Theater und Film. Band II (2007)
34 *Albert Camus:* Der Fall. Roman (1956). Mit Kommentaren von Brigitte Sändig und Sven Grotendiek (2008)
35 *Thomas Vormbaum (Hrsg.):* Pest, Folter und Schandsäule. Der Mailänder Prozess wegen „Pestschmierereien" in Rechtskritik und Literatur. Mit Kommentaren von Ezequiel Malarino und Helmut C. Jacobs (2008)
36 *E.T.A. Hoffmann:* Das Fräulein von Scuderi – Erzählung aus dem Zeitalter Ludwigs des Vierzehnten (1819). Mit Kommentaren von Heinz Müller-Dietz und Marion Bönnighausen (2010)
37 *Leonardo Sciascia:* Der Tag der Eule. Mit Kommentaren von Gisela Schlüter und Daniele Negri (2010)
38 *Franz Werfel:* Eine blaßblaue Frauenschrift. Novelle (1941). Mit Kommentaren von Matthias Pape und Wilhelm Brauneder (2011)
39 *Thomas Mann:* Das Gesetz. Novelle (1944). Mit Kommentaren von Volker Ladenthin und Thomas Vormbaum (2013)
40 *Theodor Storm:* Ein Doppelgänger. Novelle (1886) (2013)
41 *Dorothea Peters:* Der Kriminalrechtsfall ‚Kaspar Hauser' und seine Rezeption in Jakob Wassermanns Caspar-Hauser-Roman (2014)
42 *Jörg Schönert:* Kriminalität erzählen (2015)
43 *Klaus Lüderssen:* Produktive Spiegelungen. Recht im künstlerischen Kontext. Band 3 (2014)
44 *Franz Kafka:* In der Strafkolonie. Erzählung (1919) (2015)
45 *Heinz Müller-Dietz:* Recht und Kriminalität in literarischen Brechungen (2016)
46 *Hermann Weber (Hrsg.):* Das Recht als Rahmen für Literatur und Kunst. Tagung im Nordkolleg Rendsburg vom 4. bis 6. September 2015 (2017)
47 *Walter Müller-Seidel:* Rechtsdenken im literarischen Text. Deutsche Literatur von der Weimarer Klassik zur Weimarer Republik (2017)
48 *Honoré de Balzac:* Eine dunkle Geschichte. Roman (1841). Mit Kommentaren von Luigi Lacchè und Christian von Tschilschke (2018)
49 *Anja Schiemann:* Der Kriminalfall Woyzeck. Der historische Fall und Büchners Drama (2018)
50 *E.T.A. Hoffmann:* Meister Floh. Ein Mährchen in sieben Abentheuern zweier Freunde (1822). Mit Kommentaren von Michael Niehaus und Thomas Vormbaum (2018)
51 *Bodo Pieroth:* Deutsche Schriftsteller als angehende Juristen (2018)

52 *Theodor Fontane:* Grete Minde. Nach einer altmärkischen Chronik (1880). Mit Kommentaren von Anja Schiemann und Walter Zimorski (2018)

53 *Britta Lange / Martin Roeber / Christoph Schmitz-Scholemann (Hrsg.):* Grenzüberschreitungen: Recht, Normen, Literatur und Musik. Tagung im Nordkolleg Rendsburg vom 8. bis 10. September 2017 (2019)

54 *Wolfgang Schild*: Richard Wagner *recht* betrachtet (2020)

55 *Uwe Scheffler u.a. (Hrsg.)*: Musik und Strafrecht. Ein Streifzug durch eine tönende Welt (2021)

56 *Britta Lange / Martin Roeber / Christoph Schmitz-Scholemann (Hrsg.)*: Verbrechen und Sprache. Tagung im Nordkolleg Rendsburg vom 13. bis 15. September 2019 (2021)

57 *Dirk Falkner*: Straftheorie von Leo Tolstoi (2021)

58 *Dela-Madeleine Halecker u.a. (Hrsg.)*: Kunst und Strafrecht. Eine Reise durch eine schillernde Welt (2022)

59 *Robert Louis Stevenson*: Der seltsame Fall von Dr. Jekyll und Mr. Hyde. 1886. Mit Kommentaren von Anja Schiemann und Burkhard Niederhoff (2022)

60 *Conrad Ferdinand Meyer*: Die Richterin. Novelle. 1885. Mit Kommentaren von Thomas Sprecher und Walter Zimorski (2022)

61 *Britta Lange, Martin Roeber (†), Christoph Schmitz-Scholemann (Hrsg.)*: Literatur, Recht und Kunst. Tagung im Nordkolleg Rendsburg vom 17. bis 19. September 2021 (2023)

Abteilung 7: Beiträge zur Anwaltsgeschichte

Mitherausgegeben von RA Dr. Dieter Finzel (†), RA Dr. Tilman Krach; RA Dr. Thomas Röth; RA Dr. Ulrich Wessels; Prof. Dr. Gabriele Zwiehoff

1 *Babette Tondorf:* Strafverteidigung in der Frühphase des reformierten Strafprozesses. Das Hochverratsverfahren gegen die badischen Aufständischen Gustav Struve und Karl Blind (1848/49), (2006)

2 *Hinrich Rüping:* Rechtsanwälte im Bezirk Celle während des Nationalsozialismus (2007)

3 *Dieter Finzel:* Geschichte der Rechtsanwaltskammer Hamm (2018)

Abteilung 8: Judaica

1 *Hannes Ludyga:* Philipp Auerbach (1906–1952). „Staatskommissar für rassisch, religiös und politisch Verfolgte“ (2005)

2 *Thomas Vormbaum:* Der Judeneid im 19. Jahrhundert, vornehmlich in Preußen. Ein Beitrag zur juristischen Zeitgeschichte (2006)

3 *Hannes Ludyga:* Die Rechtsstellung der Juden in Bayern von 1819 bis 1918. Studie im Spiegel der Verhandlungen der Kammer der Abgeordneten des bayerischen Landtags (2007)

4 *Michele Sarfatti:* Die Juden im faschistischen Italien. Geschichte, Identität, Verfolgung (2014)

Abteilung 9: Beiträge zur modernen Verfassungsgeschichte

1 *Olaf Kroon: Die Verfassung von Cádiz (1812). Spaniens Sprung in die Moderne, gespiegelt an der Verfassung Kurhessens von 1831 (2019)*